LA VÉRITÉ SUR
LE MENSONGE

MARIE-FRANCE CYR

LA VÉRITÉ SUR LE MENSONGE

LE GRAND LIVRE DU MOIS

ISBN 2-7028-8930-1

À mon amie Josette

Mentir est un jeu que tu ne joues pas avec moi
Même pour me faire plaisir
Toute ta vérité est bonne à dire
Et j'aime l'entendre de toi

Remerciements

L'écriture d'un livre est une activité essentiellement solitaire. Pour cette raison, j'ai particulièrement apprécié le temps que j'ai passé avec les personnes qui ont accepté de témoigner pour cet ouvrage, et je tiens à remercier celles qui m'ont accompagnée tout au long de son écriture. Merci à M. Pierre Bourdon, éditeur aux Éditions de l'Homme, pour la confiance qu'il m'a témoignée en me proposant d'écrire ce livre. Merci à toute l'équipe grâce à laquelle ce manuscrit est devenu un livre. Merci à ma famille, ma parenté, mes amis, mes étudiants et mes voisins pour leurs bons mots qui font une différence dans ma vie.

De manière plus spécifique, merci à mon père Ghislain et à mon frère Daniel pour leurs encouragements soutenus. J'éprouve de la reconnaissance à l'égard de ma mère, Lise Nadeau, pour m'avoir hébergée durant l'été 2002 au bord du lac Vert. J'ai pu me consacrer à la rédaction de ce livre sans autres interruptions que l'appel de la forêt et les visites quotidiennes du tamia et des ratons laveurs. Merci à mes chères amies Micheline Émond, Josette Brun et Johanne Bergeron pour leur écoute, leur soutien et leurs commentaires inspirants. Un gros merci à mon amie Marie-Lou, auteur elle aussi, pour ses réflexions sur le mensonge, les citations d'auteurs qu'elle m'a indiquées sur ce sujet, et son enthousiasme contagieux. Un merci taquin à mon camarade Louis Fournier pour les discussions stimulantes que nous avons eues et les excellentes références qu'il m'a données. Un doux merci à Dave Paré et Michel Bolduc pour leur apport précieux. Merci à ma *coach* Dian Carbonneau dont la main de fer dans un gant de velours m'a motivée à terminer le manuscrit dans des délais respectables. Merci à tous ceux qui m'ont envoyé leurs bons vœux et leurs ondes positives, par courriel, durant les derniers milles : Nicole Gratton, Carole Nadeau, Aline Nadeau, Élaine Tremblay, Jean Bianchi, Josée Sabourin, Sandra Hindson, Francine Lespérance, Colette Normandeau, Hervé Gagnon et l'adjudant Gérald Cayouette. Merci à Daniel Gauvin pour ses suggestions de films traitant du mensonge et à Isabelle Marquis, du vidéoclub Phos, pour son aide appréciée. Enfin, un merci tout particulier à tous ceux qui m'ont menti et, de ce fait, ont nourri ma réflexion sur le sujet et inspiré des passages de ce livre. Et pour finir, j'offre sur un plateau d'argent une jolie guirlande de mercis à mon égérie Saraswati.

Introduction

L'homme est de glace aux vérités.
Il est de feu pour les mensonges.
JEAN DE LA FONTAINE

Avez-vous déjà eu l'impression qu'une personne vous mentait sans que vous sachiez pourquoi ? Aimeriez-vous savoir si vous pouvez vous fier à ce que les autres vous disent ? Savoir si celui qui vous dit « Je t'aime » éprouve vraiment de l'amour ou s'il ment ? Plus nous sommes proches d'une personne, plus nous nous sentons trahis si nous découvrons qu'elle nous ment. Or, chacun d'entre nous, dans une relation, tente d'offrir une bonne image de lui-même, de marquer des points et d'éviter de souffrir. Le mensonge permet tout cela. Dans le monde actuel, nous ne pouvons plus nous fier uniquement aux paroles d'autrui. Il fut un temps où la grande majorité des gens respectaient la parole donnée. Le cynisme croissant est peut-être la pire conséquence du mensonge, si répandu dans notre société qu'il s'insinue autant dans la famille qu'à l'école, dans le milieu des affaires qu'en politique, dans les médias qu'au palais de justice.

Face à la banalisation du mensonge, tous nos sens devraient être en alerte. Que ce soit quand nous discutons avec une personne qui veut entrer dans notre vie, lorsque nous procédons à un entretien d'embauche ou dans d'autres circonstances. Les *curriculum vitæ* mensongers et les faux diplômes sont de plus en plus répandus. Or, notre satisfaction relationnelle dépend en bonne partie de la franchise des gens de notre entourage. Si les gens qui nous entourent ne sont ni fiables ni honnêtes, il va de soi que notre vie en sera affectée tôt ou tard. Notre décision d'amorcer une relation ou d'y donner suite devrait être basée sur l'observation de la communication verbale et non verbale que nous avons avec les gens qui nous approchent, qu'il s'agisse d'un futur compagnon de vie, d'un employé ou d'un employeur ou encore de la personne qui garde nos enfants.

Détecter un mensonge, c'est comme entendre un musicien qui joue faux dans un quatuor. Dans la communication humaine, le quatuor est composé des paroles, de la voix, du visage et du corps de chacun. Quand nous communiquons, nous le faisons avec ces quatre composantes. Mentir, c'est déséquilibrer le système de communication qui joue en harmonie lorsque nous exprimons notre vérité. Le mensonge, au sens large, inclut autant la dissimulation d'informations et de sentiments que la transmission de fausses informations en vue de tromper autrui.

Tout le monde ment un peu, beaucoup ou énormément. L'adulte moyen ment deux fois par jour. Les gros menteurs dépassent largement cette moyenne. Pour avoir droit au qualificatif de «menteur», il faut mentir énormément ! Chacun de nous ment de temps en temps, sans être pour autant un menteur invétéré. De la même façon, chacun de nous recourt parfois à la manipulation sans être un manipulateur. Tout est question de dosage. La personne qui prétend être parfaitement honnête et affirme ne jamais mentir n'est pas en contact avec le menteur qui vit en elle. Elle projette sur autrui son côté menteur et, de ce fait, il n'est pas étonnant qu'elle attire des menteurs à répétition dans sa vie.

Ce livre ne traite pas des menteurs pathologiques, ceux qui mentent sans raison, juste pour le plaisir et qui mentent même aux personnes qui tentent de les aider. Il ne prétend pas non plus décortiquer la personnalité des menteurs ni exposer la panoplie des types de mensonges. D'autres livres le font. *La vérité sur le mensonge* se penche plutôt sur l'habitude de mentir et de dissimuler, c'est-à-dire sur la tendance que nous avons à cacher nos pensées et nos émotions, tendance que chacun d'entre nous possède à des degrés variables. Ce livre veut aider à comprendre notre côté menteur et à savoir comment détecter les mensonges des personnes de notre entourage.

Dans les deux premiers chapitres, nous tentons de comprendre deux grandes catégories de mensonges et les raisons qui nous poussent à mentir : le mensonge par besoin de protection et le mensonge de faire-valoir. Le troisième chapitre traite de l'art de détecter les mensonges, avec ses règles et ses méthodes. Les quatre autres chapitres portent sur chacun des codes de la communication humaine : le code corporel, le code facial, le code vocal et le code verbal.

Le mensonge génère des incohérences sur le plan de la communication. Les mots sont en désaccord avec le langage non verbal. La détection des mensonges est basée sur le repérage des incohérences entre les codes de la communication. Les meilleurs menteurs sont ceux qui croient leurs mensonges. Leur corps étant en harmonie avec leurs paroles, c'est en s'attardant à la logique de leurs propos et en vérifiant ce qu'ils prétendent que l'on peut parvenir à les démasquer. Le repérage des incohérences dans les messages d'autrui devrait s'effectuer dans le but de mieux communiquer avec les autres et non pas pour semer la méfiance et la zizanie. Nous ne pouvons pas reprocher aux autres de nous mentir quand ils se mentent à eux-mêmes ou ne sont pas conscients de leur manque d'harmonie et de cohérence. Sans compter que nous sommes tous plus ou moins en contradiction avec nous-mêmes.

La vérité sur le mensonge devrait vous aider à détecter les mensonges ainsi que les sentiments cachés et ambivalents de l'autre. Ce savoir vous permettra non seulement de vous protéger contre ceux qui vous dupent, mais surtout de tendre des perches à vos proches qui n'osent pas exprimer leur vérité afin qu'ils se sentent en confiance et s'autorisent à dire ce qu'ils ressentent vraiment. Le fruit en sera un renouvellement et un approfondissement de vos relations, qui seront davantage basées sur la franchise et l'authenticité. C'est ce que je vous souhaite — sincèrement !

Chapitre premier

Le mensonge de protection

Je vois le mensonge comme un mal nécessaire qui contribue à l'harmonie sociale. Mais la vertu réside bel et bien dans la vérité et l'honnêteté.

JEAN GERVAIS

Vous souvenez-vous avoir déjà prétendu qu'un repas infect était délicieux, que la robe bizarre de votre amie était magnifique ou que vous veniez tout juste de faire un don à un autre organisme de charité ? Tout le monde ment plus ou moins pour se protéger et protéger les autres. Nous mentons pour paraître généreux et gentils. Nous mentons pour éviter de chagriner notre entourage, car nous croyons que la vérité blesse. Il est vrai que certaines vérités sont cruelles et que bien des mensonges sont inoffensifs et relèvent même du savoir-vivre. Le mensonge par protection est la seule forme de mensonge socialement acceptée. La capacité de mentir par souci de protection est même valorisée par la société. Elle fait partie des compétences sociales qui permettent à un individu de réussir et de grimper les échelons sociaux. Les mensonges par omission et les petits mensonges pieux semblent avoir pour fonction d'adoucir la vie en société et de réduire le nombre de conflits. Cette forme de mensonge sert à protéger nos intérêts personnels et ceux de nos proches. Nous pouvons aussi mentir pour éviter d'être punis, protéger notre image de nous-mêmes ou la sensibilité d'autrui. Le mensonge par protection a ses raisons et ses fonctions, dont celle d'adaptation sociale. Mais quels sont les risques quand nous dépassons les limites raisonnables ? Si le mensonge assure une certaine cohésion sociale, il devient nuisible dès que nous faisons du tort à l'autre.

Avant d'entrer dans le vif du sujet, le test suivant vous permettra de découvrir si vous savez mentir pour vous protéger et protéger les autres.

Test : Savez-vous mentir par souci de protection ?

Pour chaque question, notez sur une feuille le numéro de la question, suivi de la réponse qui se rapproche le plus de la manière dont vous réagiriez dans les situations suivantes :

1. Vous avez oublié de programmer votre réveil pour qu'il sonne, et vous arrivez une heure en retard au travail :
   a) Vous prétendez qu'il y a eu une panne d'électricité qui a déréglé votre radio-réveil.
   b) Vous racontez à votre patron qu'il y a eu une alerte à la bombe et que vous avez aidé une femme qui s'était évanouie.
   c) Vous admettez votre oubli et espérez que ça ne se reproduise plus.

2. Au retour du travail, vous vous rappelez soudain que c'est l'anniversaire de votre conjoint ou de votre enfant :
   a) Vous racontez que votre collègue a cru que le cadeau était pour lui, car c'était aussi son anniversaire, et que vous le lui avez offert.
   b) Vous dites que le cadeau était dans la voiture, mais qu'il a été volé.
   c) Vous avouez votre oubli et vous invitez votre conjoint ou votre enfant à son restaurant favori pour vous faire pardonner.

3. Après le travail, vous faites la queue pour vous inscrire à un cours au centre de loisirs. Vous remarquez que les chômeurs bénéficient d'une réduction de 25 % sur le coût de l'inscription :
   a) Vous dites que vous recevez des prestations d'assurance-emploi, mais que vous n'avez pas les papiers qui le prouvent avec vous.
   b) Vous affirmez catégoriquement que vous êtes sans emploi.
   c) Vous payez le plein prix car vous travaillez.

4. Votre conjointe, votre sœur ou votre amie, qui a pris du poids récemment, vous demande si son nouveau pantalon la grossit vraiment. Vous trouvez que oui mais :
   a) Vous la rassurez en disant : « Mais non, il te va très bien. »
   b) Vous lui dites que votre vision baisse, que vous devez acheter d'autres lunettes, et vous l'invitez à demander l'avis de quelqu'un d'autre.
   c) Vous vous exclamez : « Oui, mais c'est beau d'être un peu ronde ! »

5. En voiture, vous passez au feu orange qui est sur le point de virer rouge. Un policier vous arrête. Vous lui dites :
   a) Le feu était caché par les feuilles du gros arbre. Je ne pouvais pas le voir. La Ville devrait couper les branches, c'est dangereux.
   b) Je suis le neveu du maire. Pouvez-vous me donner un avertissement ? Je ferai attention la prochaine fois.
   c) Je suis désolé, monsieur l'agent, mais je l'ai vu trop tard pour freiner.

6. Vous êtes invité à dîner chez des amis qui ont inventé une recette « originale » : crevettes aux bleuets sur feuilles d'endives…
   a) Vous vous forcez à avaler les crevettes violettes tout en pensant à autre chose et prétendez que c'est absolument délicieux.
   b) Vous déclarez être « malheureusement » allergique aux fruits de mer.
   c) Vous dites que le mélange est curieux, original.

7. En voyage, vous tentez de marchander un bijou qui vous plaît, mais le vendeur refuse de baisser son prix :
   a) Vous lui tendez la somme que vous avez décidé de payer et prétendez que c'est tout l'argent qu'il vous reste.
   b) Vous prenez un air complice et affirmez : « Écoutez, le magasin d'en face me le propose moins cher, mais comme je vous trouve sympathique, je préfère acheter chez vous. »
   c) Vous avouez que c'est trop cher pour vous.

8. Vous êtes dans une boutique d'objets décoratifs avec votre enfant et ce dernier effleure une clochette de verre. Le vendeur lui dit de ne pas la toucher. Vous affirmez que votre enfant n'a jamais rien brisé. Ce dernier, comme pour le faire exprès, casse la tête d'un bibelot pendant que le vendeur est occupé avec un autre client :
   a) Vous le réprimandez discrètement et cachez le bibelot sous une pile de napperons.
   b) Vous faites comme si vous n'aviez rien vu, donnez la main à votre rejeton et sortez en saluant le vendeur.
   c) Vous allez voir le vendeur avec le bibelot, l'air penaud, et dites que c'est la première fois que votre gamin brise un objet dans une boutique.

9. Vous avez l'impression que la caissière vous a rendu un surplus de monnaie :
   a) Vous ne refaites pas le compte immédiatement en vous disant qu'il lui appartient de vérifier.
   b) Vous empochez rapidement la monnaie en espérant qu'elle ait vraiment fait une erreur.
   c) Vous comptez la monnaie et lui redonnez le surplus.

10. Vous êtes inquiet à cause de votre travail. Votre partenaire a envie de faire l'amour et vous acceptez, mais vous n'arrivez pas à vous détendre et à oublier vos tracas. Si bien que vous prenez plaisir à la relation sexuelle, mais sans atteindre l'orgasme. Votre partenaire vous demande si vous avez joui. Vous répondez :
    a) « Je me sens vraiment bien » en espérant qu'il croira que cela veut dire « Oui ».
    b) « Oui, c'était super ! »
    c) « Non, je n'ai pas réussi à chasser mes inquiétudes concernant le boulot. »

Résultats

Comptez le nombre de A, B, C aux questions impaires (1, 3, 5, 7, 9) et aux questions paires (2, 4, 6, 8, 10). Les questions impaires concernent votre propre protection et les questions paires concernent la protection des autres.

Questions impaires
Une majorité de A : vous savez mentir pour protéger vos intérêts ou votre réputation. Vous êtes poli et vos petits mensonges reposent sur un fond de vérité.
Une majorité de B : Vous savez mentir pour vous protéger. Cependant, vous le faites avec exagération et vous risquez qu'on ne vous croie pas. Vos mensonges risquent de se retourner contre vous si vous tombez trop souvent dans la fantaisie.
Une majorité de C : Vous êtes honnête et intègre, à moins que vous ne vous mentiez à vous-même ! Vous ne devez pas trop vous soucier de l'opinion des autres. Attention, toutefois, si vous tenez mordicus à votre réputation d'honnête personne et si vous jugez sévèrement les menteurs.
Questions paires
Une majorité de A : Vous savez mentir de façon nuancée pour protéger les intérêts ou l'amour-propre de votre entourage. Vous connaissez les règles du savoir-vivre et préférez un petit mensonge charitable à une vérité blessante.
Une majorité de B : Vous savez mentir pour protéger les autres, mais vous manquez d'intégrité dans vos relations interpersonnelles. N'en faites-vous pas trop ? Peu serait sans doute mieux.
Une majorité de C : Vous ne mentez pas pour protéger votre entourage, soit parce que vous ne savez pas mentir, soit parce que vous placez l'intégrité et l'honnêteté au-dessus de la protection de l'ego d'autrui. Assurez-vous tout de même de ne pas être brutal quand vous exprimez votre vérité.

La protection des intérêts

D'innombrables mensonges sont proférés tous les jours dans le seul et unique but de préserver les intérêts de ceux qui mentent ou de leurs proches. Dans la version la plus honorable, nous mentons pour protéger la vie d'une personne. Durant la Deuxième Guerre mondiale, la Gestapo a entendu de nombreux mensonges pieux de personnes qui cachaient des juifs. Le film *Tu ne mentiras point*, huitième de la série du *Décalogue* de Kieslowski[1],

1. Une liste de films traitant de la question du mensonge est proposée en annexe à la fin du livre.

raconte l'histoire d'une juive qui croyait faussement qu'une professeur avait refusé de la cacher pour éviter de mentir, quand elle avait six ans, en 1943. Ne pas mentir est un commandement de Dieu pour les catholiques. Qu'est-ce qui est le plus grave : mentir pour sauver un enfant ou dire la vérité et être complice de sa mort ? C'est la question philosophique que pose ce film.

Dans le roman *La minute de vérité* de Lisa Scottoline, un avocat s'accuse du meurtre de sa femme pour protéger sa fille, car il croit que c'est elle qui l'a tuée. L'action se déroulant aux États-Unis, il risque la peine de mort. Par son mensonge, il sacrifie sa liberté et peut-être même sa vie pour protéger celle de sa fille.

Les intérêts personnels

D'autres types de mensonges obéissent à des motifs moins nobles que la protection de la vie : la défense des intérêts personnels par exemple. Nous mentons pour gagner plus d'argent, pour obtenir un emploi, pour nous faire du capital politique... Nous mentons pour éviter de perdre ce que nous avons déjà : contacts, biens, argent, etc. Nous mentons souvent par appât du gain ou pour obtenir des faveurs ou des privilèges. Dans un article consacré au système de santé québécois, par exemple, une journaliste recommande de mentir pour avoir un accès plus rapide au service : « Mentez ! Dites que vous êtes adressée par un médecin (de préférence un médecin qui vous a vue une ou deux fois dans le passé). Cela peut accélérer les choses. Dites que vous posterez ou apporterez la note écrite du médecin[2]. » Elle nous encourage à mentir pour protéger un intérêt personnel qui nous tient à cœur : notre santé. La protection des intérêts personnels concerne tous les domaines, aussi bien l'activité professionnelle que la vie privée.

2. Robert, Véronique, « Système de santé : petit guide de santé », *Châtelaine*, janvier 2002, p. 44.

LE MENSONGE DANS LE MONDE DES AFFAIRES

Le monde des affaires traverse une grave crise de confiance depuis l'affaire Enron et la suite de scandales qui ont éclaboussé les dirigeants de grandes entreprises telles que Xerox, IBM, WorldCom, Global Crossing, Corel, Vivendi, Cinar, etc. Dans un monde axé sur le profit où les actionnaires sont rois, les comptabilités truquées se sont multipliées. Elles visent à masquer les pertes. Avec l'accroissement des délits d'initiés et de la comptabilité créative — un terme mensonger utilisé à la place de « fraude » — l'honnêteté et l'intégrité de la culture entrepreneuriale sont sérieusement ébranlées. L'investisseur ordinaire se sent trahi et floué par le monde des affaires. Le mensonge le plus généralisé : tout le monde peut devenir riche. La vérité choquante, selon Marcel Côté, président du groupe Secor : « Il n'est pas rare que nos PDG reçoivent de 200 à 400 fois le salaire des employés les moins bien payés de leur entreprise[3]. » En Europe, ces ratios varient plutôt de 20 à 40.

Des recherches démontrent que nous mentons davantage aux étrangers qu'à nos proches et à ceux qui partagent nos valeurs et notre culture. Nous mentons plus quand l'occasion de mentir se présente et que le risque d'être découvert est peu élevé. Dans le film *La vérité si je mens*, un des personnages principaux, Eddy, se fait battre par deux hommes. Il est rescapé par un juif qui pense qu'il l'est également, car il a trouvé à côté de lui une chaîne avec l'étoile de David. Or, cette chaîne appartient à l'un des agresseurs. Eddy confie à son sauveur qu'il vient de se faire voler tout ce qui lui restait et qu'il a perdu son emploi. Cet homme, propriétaire d'une compagnie, accepte de l'engager. Il lui remet la chaîne et lui fait comprendre que les juifs s'entraident. Eddy ment par omission en ne rétablissant pas les faits. Il fait comme si la chaîne lui appartenait. Il a intérêt à mentir,

3. Bérard, Diane, « Cupidité Inc. », *Commerce*, août 2002, p. 32-36.

car il a besoin d'un emploi pour gagner sa vie. À partir de ce moment-là, il sera pris dans l'engrenage du mensonge pour faire plus d'argent et conserver ses nouveaux amis. Plus tard, quand il sera devenu lui-même propriétaire, il rétablira les faits et cessera de mentir. Il n'aura alors plus besoin de trafiquer la vérité pour protéger ses intérêts financiers.

Les intérêts d'autrui

Plusieurs personnes qui ne mentent pas pour préserver leurs propres intérêts n'hésiteront pas à le faire pour protéger ceux de leurs proches. Il nous est déjà arrivé à tous de mentir pour éviter de nuire aux intérêts financiers, scolaires ou professionnels de nos proches. Jean Gervais, professeur au département de psycho-éducation de l'Université du Québec en Outaouais, a étudié en profondeur le mensonge, surtout chez l'enfant. Il divise les menteurs, dont nous sommes tous, en deux grandes catégories correspondant à deux types de personnalité. Les individus de la première catégorie recherchent le plaisir et se moquent de l'approbation des autres. Ces personnes ne ressentent pas de culpabilité à mentir. Elles mentent pour s'approprier des objets, gagner davantage d'argent, obtenir du pouvoir sur les autres. Je considère que leurs mensonges servent surtout à protéger leurs intérêts personnels. Les individus de la seconde catégorie cherchent à fuir la douleur et recourent au mensonge pour éviter de souffrir et de faire souffrir les autres. Ils mentent pour faire plaisir, être aimés et pour se protéger d'un éventuel rejet. Selon moi, ce type de menteurs est plus susceptible de mentir pour protéger son image et les intérêts d'autrui. Ainsi, ils peuvent mentir pour éviter que leur enfant qui s'est levé en retard perde son emploi d'été ou pour lui épargner d'échouer à un examen parce qu'il n'a pas étudié. Or, ce n'est pas en assumant les responsabilités de nos enfants que nous les aidons à devenir responsables. À l'échelle d'une nation, le désir de protéger les adolescents contre les maladies transmises sexuellement et les grossesses non désirées engendre son lot de mensonges et d'exagération. Aux États-Unis, les programmes d'éducation sexuelle sont basés sur la promotion de l'abstinence dans la majorité des États, à l'exception de la Californie. La journaliste Judith Levine a écrit un livre controversé[4] portant sur les dangers liés à la protection des enfants contre la sexualité. Elle ne craint pas d'affirmer qu'on ment aux jeunes en prétendant que le sexe à l'extérieur du mariage est dangereux. Pourtant, en matière de sexualité, la responsabilisation a bien meilleur goût que le mensonge et la culpabilisation...

À plus petite échelle, il nous arrive de mentir au téléphone pour protéger autrui : nous disons que notre conjoint est absent parce qu'il ne veut pas être dérangé pendant qu'il bricole. Bien des secrétaires mentent pour protéger leur patron qui a besoin de temps à lui pour réfléchir ou se détendre. Au lieu de risquer d'écorcher la susceptibilité de l'interlocuteur qui a une information importante à transmettre, elles diront qu'il est en réunion. Ce genre de mensonges ne serait plus nécessaire si chacun de nous apprenait à mettre ses limites, à faire respecter son besoin de temps. Quand nous nous accordons le droit de nous adonner à des activités ou de relaxer sans nous faire interrompre, il est plus facile de dire la vérité sans craindre les réactions et les manipulations d'autrui. Trop de gens croient encore qu'il est égoïste d'agir ainsi, surtout les mères. Mais comment voulez-vous être à l'écoute des besoins de votre entourage si vous n'êtes pas à l'écoute de vos propres besoins ? Comme le dit si bien le proverbe « Charité bien ordonnée commence par soi même ».

La fibre maternelle — ou plutôt la socialisation qui incite les femmes à protéger leurs enfants — semble pousser bien des mères à mentir pour protéger les intérêts de leur progéniture. Prenons l'exemple d'une mère qui a menti en disant que sa fille de six ans avait manqué l'école pour raison de maladie. La vérité ? Elle avait décidé de l'emmener voir sa marraine qui jouait dans une pièce de théâtre à la garderie. Dans l'exemple qui suit,

4. *Harmful to Minors : The Perils of Protecting Children from Sex*, Minneapolis, University of Minnesota Press, 2002.

une autre mère a été jusqu'à mentir aux pères de ses enfants en leur faisant croire qu'ils n'étaient pas les pères. Il faut se replacer dans la situation pour mieux comprendre le sens de ses mensonges.

Un cas de mensonge par protection

Léonne a été élevée par un père perfectionniste et contrôlant. Il fouillait dans ses affaires personnelles et ne cessait de lui reprocher la moindre entorse aux règles qu'il décrétait. Il la giflait et la frappait presque tous les jours jusqu'à ce qu'elle ait 14 ans. À 15 ans, elle est tombée enceinte de Karim, un élève de sa classe. Elle l'a laissé et n'a dit à personne qu'elle était enceinte jusqu'à ce que la grossesse devienne manifeste. Quand son fils a eu 10 mois, Léonne a revu Karim qui passait en voiture. Il lui a offert de les raccompagner. Contemplant son fils, il a lancé à Léonne : « Il me ressemble, n'est-ce pas ? Est-ce que je suis son père ? » La jeune fille l'a regardé sans sourciller et a rétorqué : « Non. » Un non calme et assuré. Puis elle l'a remercié et est sortie de la voiture. Elle ne l'a jamais revu. Quand ses amies lui demandent pourquoi elle a menti au père de son enfant, elle argue qu'elle ne voulait pas qu'il se mêle de sa vie. Par-dessus tout, elle voulait éviter que Karim devienne violent comme son propre père l'était et qu'il frappe son fils. Deux ans plus tard, Léonne est tombée enceinte d'un homme dans la quarantaine. Une fois de plus, elle ne lui a pas avoué qu'il était le père de sa fille Jacinthe. Huit ans plus tard, elle a été invitée à son cinquantième anniversaire. Soudain, elle a eu envie de lui apprendre la nouvelle de sa paternité. Mais elle a constaté qu'il était en état d'ébriété. De nouveau, elle a craint d'être confrontée à de la violence si elle le faisait rentrer dans leur vie. Elle a donc décidé de continuer à taire la vérité. Elle a menti aux pères de ses enfants, par omission ou directement, par souci de protéger sa progéniture. Ce sont des mensonges de protection. Dans le cas de Léonne, la peur de la violence masculine est plus forte que le souci d'apprendre à ces hommes qu'ils ont donné la vie.

L'évitement de la punition

Tous les enfants mentent un jour ou l'autre pour éviter d'être punis. Le mensonge pour se protéger d'une punition persiste chez bien des adultes, mais il n'est pas la raison principale pour laquelle les adultes mentent. Au contraire, éviter la punition est le premier motif qui pousse un enfant à mentir, avant même qu'il sache parler. Un bambin ment à sa façon quand il cesse de jouer avec le sac à main de sa mère dès qu'elle revient dans la pièce. Lorsqu'un enfant brise un objet, c'est toujours la faute du frère, de la sœur ou du chat. L'enfant ment pour éviter qu'on ne le considère comme désobéissant, voire malfaisant. Il ment pour que l'on ne cesse pas de l'aimer. Il ment parce qu'il a soif d'être accepté par ceux qu'il aime. Quand nous n'acceptons pas ses erreurs, nous l'obligeons à les camoufler. Il les considère alors comme des failles qu'il doit cacher. Il ment pour ne pas les montrer et s'épargner d'être puni.

Plusieurs recherches indiquent que bien des enfants s'interdisent de mentir par crainte de la punition quand ils sont en bas âge. En grandissant, cette peur est remplacée par la croyance en la nécessité d'être honnête. En général, les mensonges au sein de la famille décroissent avec l'âge des enfants. Sinon, cela peut être le signe de problèmes d'adaptation sociale et familiale. Il est probable que plus un enfant est entouré de menteurs et plus il ment, plus son habileté à mentir et à décoder les mensonges des autres s'accroît. Ce qui incite un enfant à mentir? L'évaluation qu'il fait de son habileté à mentir, la perspective de récompenses et la perception de la difficulté, voire de l'incapacité de l'autre à détecter la tromperie. Même les adultes y pensent deux fois avant de mentir à quelqu'un qui voit clair!

Le rôle parental est primordial dans l'apprentissage de l'honnêteté. Des études indiquent que la malhonnêteté des parents est un bon indicateur de celle des enfants. Malheureusement, la sincérité des parents ne garantit pas celle de leurs enfants! Ces derniers peuvent être incités à mentir par leurs pairs. Par ailleurs, les parents trop sévères, qui punissent l'enfant dès qu'il déroge à leurs normes, risquent d'en faire des adultes qui craindront l'autorité et mentiront pour éviter la punition. Dans ce cas, l'enfant ment pour combler le fossé entre ce qu'il est et ce que ses parents, trop exigeants, espèrent qu'il soit. Les parents restrictifs enseignent sans le vouloir que la tromperie efficace est un excellent moyen d'obtenir ce que l'on désire. Les parents qui encouragent la délation entre enfants peuvent les inciter à mentir et, par conséquent, les liguer les uns contre les autres. Lourde responsabilité que celle de parents ! Ces derniers doivent distinguer le mensonge occasionnel du mensonge systématique et ne pas sévir de la même façon dans les deux cas. Si la punition n'est pas allégée pour l'enfant qui avoue son méfait, il est compréhensible qu'il continue à mentir. Les parents qui expliquent aux enfants que le mensonge détériore la confiance entre les gens ont plus de succès que ceux qui punissent sévèrement et systématiquement. La vie en famille et en société serait fort désagréable si chacun doutait constamment des autres. Jean Gervais a recensé trois facteurs qui peuvent aussi défavoriser le recours aux mensonges chez les enfants : 1) une attitude parentale qui facilite la résolution des problèmes, 2) la négociation de solutions et 3) la possibilité d'exprimer un point de vue différent de celui des parents. Dans ce contexte, l'enfant est encouragé à parler avec sincérité et délaisse habituellement le mensonge.

L'apprentissage de l'honnêteté et de la responsabilité s'effectue dès l'enfance. C'est en assumant les conséquences de nos actions, en tirant les leçons de nos erreurs que nous grandissons et devenons des êtres responsables. La concertation entre les adultes qui ont à décider de sévir ou non, est importante pour éviter de semer la confusion chez l'enfant. L'exemple personnel qui suit en est une illustration.

Un cas personnel d'aveu récompensé puis puni

Quand j'avais huit ans, je me suis un jour empiffrée des chocolats destinés aux invités, en compagnie de mon frère Normand et de notre cousin François. C'est ma tante Marjolaine qui nous gardait et elle soupçonnait que nous étions responsables du vol. Normand et François ont menti, mais j'ai avoué notre méfait. Ma tante a demandé que je tende mes mains pour qu'elle me frappe. J'ai obéi. Elle ne m'a pas touchée pour me récompenser de mon obéissance. Par contre, les garçons ont été punis pour avoir menti alors qu'ils voulaient justement éviter la punition. Ils trouvaient cela injuste et voulaient savoir pourquoi je n'avais pas été punie. Marjolaine a rétorqué : « Ma mère m'a appris qu'une faute avouée est à moitié pardonnée. » Le soir, mon père nous a grondés pour une autre bévue que nous avions commise. J'ai tendu les mains, pensant à nouveau échapper à la punition. « Tu veux des gifles ? Tu vas en avoir ! », a-t-il dit en me frappant sur les mains. Mon frère se moquait de moi en me pointant du doigt. Je me suis dit que je ne comprenais rien aux adultes. J'avais été récompensée pour avoir dit la vérité, puis ensuite punie pour la même raison. Mon père m'a ensuite expliqué que l'aveu ne dispensait pas de la punition. Il m'a dit qu'un meurtrier qui confesse son crime n'est pas pour autant dispensé de prison. Il avait raison ! C'est pourquoi les enfants que nous étions ne lui ont pas avoué tous leurs petits méfaits…

La protection de l'image de soi

C'est au célèbre psychologue Carl G. Jung que l'on doit la compréhension de la « persona » : « Depuis Jung le terme de *persona* signifie plus précisément le moi social résultant des efforts d'adaptation déployés pour se conformer aux normes sociales, morales et éducationnelles de son milieu[5]. » Le masque social que chacun arbore lui permet d'harmoniser ses relations avec les autres. Cela s'effectue cependant au détriment de l'originalité et de la totalité de sa personnalité puisque les parties moins nobles sont reléguées dans l'ombre. Chacun est en effet plus

5. Monbourquette, Jean, *Apprivoiser son ombre : le côté mal aimé de soi*, Montréal, Novalis, 2001, p. 14.

attaché à certaines caractéristiques de sa personnalité auxquelles il s'identifie — telles que la générosité, la patience, l'intelligence — qu'à d'autres, moins valorisées socialement.

Nous nous arrêtons beaucoup aux qualités qui, croyons-nous, nous définissent. Le souci d'une belle image de soi explique beaucoup de mensonges. Une femme qui se veut généreuse peut mentir sur le montant de sa contribution à un organisme charitable. Un enfant qui se veut obéissant mentira plutôt que d'avouer sa désobéissance. Un homme qui se dit cultivé peut mentir sur sa connaissance d'un événement ou prétendre avoir lu un auteur dont il n'a jamais ouvert un livre. Quand nous nous donnons le droit à l'erreur sans crainte de passer pour un imbécile, nous mentons moins pour sauver les apparences.

Nous mentons également souvent pour protéger l'image des autres, leur éviter de « perdre la face » comme le dit si bien l'expression. Et pourtant, quand quelqu'un laisse glisser le masque pour découvrir son vrai visage, il rassure car il permet aux autres de reconnaître qu'ils ont aussi des faiblesses, des peurs. La *persona* peut nous servir à protéger notre intimité et notre vulnérabilité en public, devant les gens que nous ne connaissons pas ou que nous connaissons peu. Mais il est tragique de garder son masque constamment, jusque dans ses relations personnelles ou intimes, comme c'est le cas de Josée.

Mentir pour protéger son image

D'aussi loin qu'elle se rappelle, Josée a toujours été portée à mentir. Adolescente, elle invitait son petit ami chez elle quand ses parents s'absentaient. Sa mère se doutait de quelque chose étant donné que la maison était impeccable à son retour, mais Josée mentait. Elle voulait préserver son image de jeune fille pure et innocente. Elle avait peur que ses parents la jugent dévergondée. Une fois mariée, elle mentit à son époux, habitée par la même crainte. Il faut dire que lorsqu'elle tomba enceinte de son premier enfant, son mari se mit à la dénigrer par des commentaires désobligeants sur son poids. En fait, Josée avait commencé à faire du diabète de grossesse. Elle devait donc diminuer sa consommation de sucre. Pour cette raison, son mari la surveillait constamment. Josée se sentait étouffée. Elle avoue qu'elle « mangeait ses émotions » dès que son mari partait travailler. Aux repas, elle ne mangeait presque pas et prétendait avoir perdu l'appétit. Son mari se doutait qu'elle mentait car son taux de sucre restait élevé. Un jour, il a découvert la supercherie : un tas de papiers de chocolats et de bonbons dans un sac. Il était furieux ! Josée lui avait menti par peur d'être jugée comme étant dénuée de volonté et de fierté. Elle craignait d'être rabaissée et insultée par son mari. Ses mensonges lui permettaient de protéger son image. Quand son conjoint l'insultait en la traitant de « grosse », elle se sentait laide et indésirable. Son estime personnelle a beaucoup baissé. Elle mentit aussi à son mari pour d'autres raisons : par insécurité financière, par peur de l'abandon. C'est qu'à la veille d'accoucher, elle dépendait de son conjoint pour subvenir à ses besoins. Plus tard, ils se séparèrent. Se sentant seule, Josée a alors dépensé énormément d'argent en appelant des lignes de rencontre. Elle avait besoin de sentir qu'elle pouvait encore plaire. D'après elle, les conversations qu'elle eut furent bénéfiques pour son estime personnelle, mais le prix était élevé. Elle dut emprunter de l'argent à ses parents et à ses amies en leur mentant sur les raisons de ses problèmes financiers. De nouveau, elle avait peur d'être jugée et moins aimée. Quand le pot aux roses a été découvert, les personnes de son entourage ont été très choquées qu'elle leur ait menti. Elle les comprend mais continue de mentir pour se protéger, par peur de décevoir ceux qu'elle aime et d'être rejetée par eux. À la longue, Josée s'est rendue malade. L'ampleur de ses mensonges lui causait une tension énorme. Son corps et son esprit n'ont pas pu supporter ce stress constant. Elle était encore hospitalisée au moment où elle a témoigné pour ce livre.

MENSONGES ET JUSTICE

Jurez-vous de dire toute la vérité, rien que la vérité ? Dites « Je le jure ». Toutes les personnes qui passent en cour sont assermentées et on les fait jurer sur la Bible de dire la vérité. Tous ceux qui osent mentir après avoir prêté serment commettent un acte criminel si grave qu'ils risquent la prison. Il n'y aurait donc aucun mensonge à la cour, où règne la justice ? Il faut être resté naïf pour le croire... Le chroniqueur Yves Boisvert affirme avoir vu, dans notre système judiciaire, « des gens au-dessus de tout soupçon, "sans antécédent judiciaire" mentir sans gêne aucune[6] ». Voici trois mensonges débités en cour, glanés parmi des milliers.

Pendant le procès des industriels américains du tabac, tous les P.-D.G. ont juré sur la Bible qu'ils ne savaient pas que la nicotine entraîne une dépendance. Les avocats de l'accusation ont montré des documents prouvant que non seulement ils le savaient, mais qu'ils s'arrangeaient pour ajouter de la nicotine aux cigarettes et que, de plus, ils incitaient les enfants à fumer.

Dans l'affaire Matticks, en 1995, les accusations d'importation de haschisch portées contre sept personnes ont été levées grâce à des policiers qui avaient fabriqué de fausses preuves et menti à la cour. Après enquête interne menée par la Sûreté du Québec, ces policiers ont été accusés, puis acquittés.

En 1994, le psychologue Jean Gagnon est acquitté suite à une accusation d'agression sexuelle. Quatre ans plus tard, la présumée victime l'accuse à nouveau. Des examens médico-légaux révèlent d'impressionnantes lacérations aux seins. La vie de ce psychologue, un père de famille sans histoire, est bouleversée une fois de plus. Il a perdu sa réputation, sa santé et son emploi. Neuf ans après la première accusation, la jeune femme a reconnu en cour qu'elle avait menti. Elle avait tout inventé. Elle s'était infligé elle-même ces lacérations aux seins. La raison ? « Pour rien. Absolument aucun motif. Mal de vivre, dit-on[7]. »

6. « Le diable ne ment pas toujours », *La Presse,* 8 mai 2002.
7. Foglia, Pierre, « Le doute », *La Presse,* 7 mai 2002.

La protection de la sensibilité d'autrui

Utilisé avec doigté, le mensonge visant à protéger la sensibilité d'autrui permet d'améliorer les rapports sociaux, surtout quand nous mentons par omission. Pourquoi « rentrer » dans les autres comme si nous étions des bulldozers ? Nous sommes parfois brusques sous prétexte de dire la vérité. Nous oublions souvent qu'un cœur humain, c'est fragile. Quand nous voulons plaire à la majorité des gens et éviter les désaccords, nous sommes forcés de ne pas dire tout ce qui nous traverse l'esprit. Il y a toutefois une différence de taille entre ne pas donner notre impression et mentir. Certaines personnes qui mentent pour protéger la sensibilité d'autrui disent faire des « mensonges dans la charité ». Les personnes très franches et directes peuvent déranger et susciter la controverse. La vérité choque quand elle est brutale ou qu'elle remet en question des idées préconçues. Les gens très francs sont souvent des libres penseurs, des rebelles et des artistes à contre-courant pour qui l'intégrité passe avant le désir de plaire et d'avoir un poste valorisé. En ce sens, plus une personne joue un rôle social élevé, plus le mensonge devient un passage obligé…

Dans *La Mise en scène de la vie quotidienne*, le sociologue Erving Goffman aborde la question des mensonges pieux. Dans chaque situation sociale, chacun joue un rôle précis : cuisinier, serveur, client, par exemple. Ce rôle change selon les « acteurs » et les lieux. Souvent, les mensonges par omission et les insinuations permettent d'éviter de tomber dans le mensonge qui fait perdre la face et la réputation. Ne pas faire de commentaires sur une soupe avec des grumeaux permet d'éviter de mentir en prétendant qu'elle est délicieuse. Nous profitons alors de tous les bénéfices du mensonge sans en connaître les inconvénients tels que la culpabilité, l'incohérence entre le langage verbal et non verbal, l'inconfort et le risque de nous faire démasquer. Ce type de mensonges par omission permet de protéger la sensibilité d'autrui sans se sentir coupable de mentir.

Dans d'autres cas, nous pouvons mentir en toute connaissance de cause : pour protéger chez les enfants les croyances magiques que nous jugeons utiles à leur développement ou bien pour ménager l'ego de notre partenaire ou la sensibilité d'une personne qui doute de sa capacité de séduire.

La protection des croyances enfantines

Les enfants sont sensibles au monde imaginaire et la grande majorité des parents ment pour protéger la magie de Noël ainsi que le cortège féerique qui lui est associé. Bien des enfants d'âge scolaire croient qu'un véritable père Noël existe au pôle Nord et que tout plein de faux pullulent dans les centres commerciaux. C'est une façon de réconcilier leur croyance avec la découverte que le père Noël porte une fausse barbe... Mais quelques enfants sont fâchés d'avoir été mystifiés. Comme l'affirme la journaliste d'un magazine féminin : « Notre enfant chéri vient non seulement d'apprendre que le père Noël, les lutins et la fée des étoiles n'existent pas, mais aussi que ses parents sont de beaux menteurs[8] ! » Pour la plupart des adultes, la protection de l'imagination enfantine passe avant le souci de la vérité. Après tout, même les grands sont sensibles à la magie de Noël, malgré son caractère mercantile et la baisse de la pratique religieuse. « Pour développer leur confiance, les jeunes enfants ont besoin de nourrir leur imaginaire et d'utiliser la pensée magique[9] », note la psychologue Brigitte Hénault. Le psychanalyste Bruno Bettelheim avait déjà reconnu un rôle important aux croyances enfantines — telles que le père Noël et les contes de fées — dans le développement cognitif et affectif de l'enfant. Les parents de jeunes enfants ne devraient donc pas confondre les fantaisies enfantines avec des mensonges.

---

8. Desmarais, Marie-José, « Père Noël es-tu là ? », *Châtelaine*, décembre 2001, p. 36.
9. Vallerand, Nathalie, « Faut-il les laisser croire au père Noël ? », *Coup de pouce*, décembre 2002, p. 17.

La protection de l'ego du séducteur...

Dans l'émission *Sexe à New York* (*Sex and the City*), Carrie est à un cocktail et elle joue l'entremetteuse entre son copain homosexuel, un petit brun à lunettes, et le bel homme qu'il convoite. Elle se présente à ce dernier et lui dit que son ami aimerait bien le rencontrer. Carrie lui indique son ami, mais le bel homme pense qu'il s'agit du grand blond bien bâti qui se trouve à ses côtés. Il se dit intéressé. Son ami lui fait un signe de la main. Le bel homme précise à Carrie que c'est le blond costaud qui l'intéresse. Elle s'excuse de ne pas pouvoir le lui présenter puisqu'elle ne le connaît pas et prend congé de lui. À son ami, elle dit : « Il est hétéro. » Elle ment pour éviter qu'il ne se sente non désirable.

La société nord-américaine est obsédée par la question de l'infidélité. On en parle à profusion à la télévision, à la radio, au cinéma, dans les magazines féminins. Même un magazine de vulgarisation scientifique comme *Sciences et Avenir* a publié un numéro spécial, en septembre 2002, intitulé « Évolution : la science découvre l'infidélité au féminin ». Nous mentons allègrement quand nous sommes infidèles et la majorité des articles et des livres qui concernent cette question recommandent d'ailleurs de mentir. Les spécialistes de tout acabit nous disent que le poids du mensonge par omission est notre punition. Ils prétendent que l'aveu de l'infidélité ne sert qu'à alléger notre conscience, qu'il est purement égoïste. Ils nous disent que ce genre d'aveu brise la confiance et met en péril la relation. En vérité, cela dépend de chaque couple. Il n'y a pas de règle. Si votre conjoint était infidèle, aimeriez-vous le savoir ou non ? Si oui, pensez-vous que lui serait prêt à entendre votre confession si vous l'aviez trompé ? Si oui, pourriez-vous assumer les conséquences de votre aveu ?

Que feriez-vous si votre conjoint se doutait de votre infidélité et vous posait des questions ? Ne rien dire est une chose, mentir en est une autre. Votre corps ne ment pas, lui. Vous risquez de vous trahir et de blesser davantage l'autre. L'auteur

Bonnie Jacobson[10] propose de poser quatre questions quand on est confronté par le partenaire trompé : 1) pourquoi me demandes-tu cela ? (comprendre ses motifs permet de se préparer à une discussion productive) ; 2) puis-je m'expliquer ? (cette question sous-entend la culpabilité tout en demandant poliment la chance de préciser les circonstances de l'infidélité) ; 3) acceptes-tu d'en parler ? (cette question amène un partenaire en colère, risquant de partir en claquant la porte, à s'engager dans une conversation, seule chance de sauver la relation) ; 4) comment puis-je regagner ta confiance ? (au lieu de se contenter de demander pardon, on montre que l'on est prêt à travailler pour rétablir la confiance).

Que vous soyez fidèle ou non, mentez-vous sur votre satisfaction sexuelle ? La comédie *Menteur, menteur* comprend une scène dans laquelle un personnage dit ce qu'il pense vraiment à sa partenaire après une relation sexuelle. Dans ce film, l'avocat Fletcher, joué par Jim Carrey, ment constamment. Le jour de l'anniversaire de son fils, Fletcher appelle sa femme et s'excuse de ne pas pouvoir être présent. En fait, sa patronne est en train de le séduire. Il dit : « Le patron est vraiment sur mon dos. » Son fils est très déçu. Avant de souffler les bougies, il souhaite que son père ne dise pas un seul mensonge durant 24 heures. Son souhait se réalise. Cela fait dire à Fletcher, après la relation sexuelle que sa patronne a trouvée fabuleuse : « J'ai connu mieux. » Après avoir déclaré ses quatre vérités à tout un chacun, avec les conséquences fâcheuses que cela comporte, Fletcher apprend le vœu de son fils. Il lui demande alors d'y renoncer en expliquant : « On ne peut pas survivre en ne disant que la vérité dans le monde des adultes. » En fait, il aurait pu dire qu'on ne peut pas bien protéger ses intérêts en ne disant que la vérité…

Les mensonges visant à protéger l'orgueil viril abondent au lit. Shere Hite[11] a recueilli des milliers de témoignages sur la vie

---

10. *If Only You Would Listen,* New York, St. Martin's Press, 1995.
11. Hite, Shere, « Faking Orgasm », *Lying, Cheating & Stealing : Great writers on getting what you want when you want it,* San Francisco, Chronicle Books, 1997, p. 29-31.

sexuelle des Américaines. La pression exercée sur les femmes pour qu'elles atteignent l'orgasme est telle que nombreuses sont celles qui font semblant. À la question : « Simulez-vous l'orgasme ? », 34 % des répondantes ont répondu « Oui », 19 % ont reconnu qu'elles l'avaient déjà simulé, 47 % ont répondu « Non ». Parmi celles qui simulent l'orgasme, certaines ont dit qu'elles agissaient ainsi pour protéger l'ego de leur partenaire. Or, prétendre que l'on a joui est un mensonge qui empêche d'établir une véritable intimité dans le couple. Il est en effet plus facile de faire semblant que de communiquer ses besoins et ses préférences, d'assumer la responsabilité de son propre plaisir. Lorsque nous nous comportons ainsi, nous accumulons les frustrations, nous nous mentons à nous-mêmes, ainsi qu'à notre partenaire. De plus, nous nous privons d'atteindre vraiment l'orgasme. Barbara de Angelis[12], spécialiste des relations de couple et auteur de plusieurs best-sellers en la matière, recommande l'honnêteté émotionnelle et déconseille fortement de simuler la jouissance. Non seulement la simulation est un mensonge, mais elle est également une forme de manipulation visant à faire croire à son partenaire qu'il est un amant extraordinaire qui sait comment satisfaire l'autre. Dans son livre sur l'honnêteté radicale, Brad Blanton[13] va jusqu'à préconiser de se masturber en même temps que son partenaire afin de montrer comment on aime « se toucher » selon l'expression qu'utilisent plusieurs sexologues. Disant cela, il souhaite nous montrer que la responsabilité de notre satisfaction sexuelle nous incombe. Une telle conception de la jouissance permettrait aux hommes de se rapprocher de leur partenaire, car ils ne porteraient plus la responsabilité de devoir la satisfaire. Pour ma part, je crois que si nous nous permettons de savourer chaque instant en compagnie de notre partenaire sans viser l'orgasme à tout prix, la relation est satisfaisante, qu'elle soit ou non couronnée de quelques secondes de

12. *The Real Rules: How to Find the Right Man for the Real You, New York*, Dell Publishing, 1997.
13. *Radical Honesty: How to Transform Your Life by Telling the Truth*, New York, Dell Publishing, 1996.

jouissance. C'est souvent en lâchant prise que la surprise advient : nous découvrons que la tendresse et les caresses nous ont comblés à elles seules, ou bien se produit l'explosion finale à laquelle nous avions renoncé.

Les risques du mensonge de protection

Des relations entières sont basées sur des mensonges de protection qui faussent les enjeux et minent les rapports. Le désir et l'amour sont souvent dissimulés et vécus dans la honte. Combien de personnes amoureuses mentent-elles par omission, de crainte que leur amour ne soit pas partagé ou parce qu'elles n'ont pas le droit d'aimer leur belle-sœur, leur patron ou leur collègue marié ? Cette retenue de l'aveu peut constituer une véritable torture. La révélation, au contraire, libère.

Dans *Les gens du mensonge*, Scott Peck[14] raconte comment l'aveu à une patiente de l'attirance qu'il éprouvait pour elle a permis à celle-ci d'admettre à son tour son béguin pour lui et, à partir de là, de parler ouvertement de la séduction et de l'amour dans sa vie. Il l'a rassurée en lui disant qu'il était marié et qu'une relation n'était pas possible entre eux. Ce faisant, la tension a pu diminuer et une relation thérapeutique basée sur l'honnêteté s'est installée. Dans le roman *Mensonges au lit* de Gary Hauptmann, une journaliste de télévision tombe amoureuse de Nick, un réalisateur homosexuel qui cache son orientation. Elle finit par vivre avec lui et son partenaire sans jamais lui dire qu'elle est follement éprise de lui. Son mensonge engendre des émotions toxiques : rancœur, frustration, colère réprimée. En fin de compte, la vérité éclate quand le partenaire de Nick, bisexuel, avoue qu'il est tombé amoureux de la journaliste. C'est à ce moment qu'elle déclare son amour pour le réalisateur. La tension liée au secret tombe alors subitement, malgré le choc de l'aveu. Ils décident de continuer de vivre à trois en toute connaissance de cause…

14. *Les gens du mensonge*, Paris, J'ai Lu, 1990.

Les mensonges par besoin de protection peuvent empoisonner les relations quand ils reposent sur un manque de confiance. Si l'un de vos proches vous demande l'heure juste et que vous lui mentez, vous n'êtes pas fiable, même si vous n'avez certes pas à dire à tout un chacun ce que vous pensez de lui. D'ailleurs, vos remarques relèveraient peut-être davantage de jugements que d'observations neutres. Cependant, une personne intègre se doit d'être sincère quand un proche lui demande du *feedback* ou veut savoir ce qu'elle pense vraiment. Vous pouvez exprimer ce que vous ressentez sans crainte de blesser l'autre en utilisant les principes de la communication non violente mis au point par Marshall Rosenberg et vulgarisés par Thomas d'Ansembourg[15]. Partez de l'observation de la situation sans porter de jugements. Inutile d'accuser l'autre et de le rabaisser. Puis, exprimez ce que vous ressentez et dites lequel de vos besoins n'est pas comblé. Finissez par une demande ouverte et négociable. Par exemple, votre conjoint vous demande ce que vous pensez de son projet de reprendre les études. Au lieu de mentir pour protéger son rêve et ses sentiments, vous pourriez dire : « Je constate que tu es enthousiaste et ça me réjouit de te voir plein de vitalité. En même temps, je me sens inquiète. J'ai peur que mon salaire soit insuffisant pour couvrir toutes nos dépenses. J'ai besoin de me sentir en sécurité. Accepterais-tu que l'on fasse des calculs ensemble pour s'assurer du réalisme de ton projet ? » Devant une demande formulée de cette façon, votre conjoint ne se sentira ni contraint ni sur la défensive. Et vous aurez été honnête. La communication non violente est basée sur l'empathie et la compassion. Elle permet de créer des ponts, d'ouvrir des fenêtres entre les êtres au lieu d'élever des murs qui les coupent les uns des autres.

Finalement, le mensonge par protection peut nuire au cheminement de la personne que l'on croit protéger. Il peut en être ainsi pour la personne malade à qui l'entourage cache

15. Respectivement : *Les mots sont des fenêtres (ou des murs). Introduction à la communication non violente*, Condé-sur-Noireau (France), Jouvence, 1999, et *Cessez d'être gentil, soyez vrai !*, Montréal, Les Éditions de l'Homme, 2001.

la gravité de sa maladie. De nombreux auteurs considèrent que l'on fait bien de mentir aux malades dits incurables afin de ne pas les alarmer et de leur donner de l'espoir. Plusieurs cas inexpliqués de guérison sont d'ailleurs recensés. La foi en la guérison permettrait de lutter plus efficacement contre la maladie. Mais jusqu'où pouvons-nous aller ? Même le nouveau courant de biologie totale, qui considère que la conscience du blocage aide à la guérison, reconnaît qu'être conscient reste sans effet quand la maladie est trop avancée. Mentir à un patient en phase terminale revient à ne pas avoir confiance dans sa capacité de composer avec cette réalité. En plus, nous le privons de passer par les différentes étapes du deuil qui précèdent la mort : déni, colère, marchandage, tristesse et acceptation. Lorsque tout l'entourage reste accroché à l'étape du déni et refuse de dire la vérité à la personne malade, il l'empêche de bien se préparer à sa propre mort. Pire, la personne mourante sent intuitivement que quelque chose ne va pas. En niant la gravité de sa maladie, son entourage la fait douter de sa propre intuition. Pour la personne consciente, un tel déni peut être plus pénible que d'apprendre qu'elle souffre d'une maladie incurable. Elle risque par ailleurs d'être très blessée de découvrir que tout son entourage lui ment et ne lui fait pas assez confiance pour parler lucidement de son état. Les médecins et le personnel soignant se font souvent complices de familles qui refusent d'annoncer la vérité au malade, préférant jouer la comédie de la guérison alors qu'il est trop tard.

Exercice de contemplation

Le mensonge de protection est souvent motivé par la peur de blesser l'autre ou la peur d'être puni. L'exercice qui suit vous invite à faire face à vos mensonges de protection. Permettez-vous de faire le point, de voir clair en vous. Même si vous considérez que vous êtes honnête, il vous arrive de mentir comme tout le monde. Seuls le degré, les motifs et la fréquence varient. Ne vous mentez pas à vous-même en vous croyant totalement franc.

Selon Debbie Ford[16], si vous refusez de reconnaître que vous êtes menteur à vos heures, la partie menteuse est reléguée dans votre ombre et vous aurez tendance à la projeter sur autrui, attirant des menteurs à répétition dans votre vie. Nous avons tous avantage à accepter toutes nos facettes.

Prenez une posture droite. Allongez votre colonne vertébrale et posez vos pieds sur le sol. Prenez quelques respirations profondes, les yeux fermés. Revenez à votre rythme normal de respiration et concentrez-vous sur l'inspiration et l'expiration pendant au moins deux minutes. Quand vous vous sentez calme, posez-vous les questions suivantes. Après chaque question, fermez les yeux pour entendre la réponse qui surgira et écrivez-la sur une feuille :

– Parmi les mensonges que je fais pour protéger mes intérêts, quel est le plus flagrant ?

– Quel est mon mensonge habituel pour protéger l'ego de ceux qui m'entourent ?

– Quel est le plus gros mensonge que j'ai raconté pour éviter de blesser autrui ?

– Quel est le plus gros mensonge que j'ai raconté pour éviter une punition ?

– Mes mensonges me protègent-ils vraiment ou est-ce une illusion ?

Comprendre nos raisons de mentir nous aide à mieux comprendre pourquoi les autres nous mentent. Ce faisant, nous nous rapprochons de l'autre et nous cessons de nous diviser en deux clans factices : les menteurs et leurs victimes.

16. *The Dark Side of the Light Chasers*, New York, Riverhead Books, 1998.

Chapitre 2

Le mensonge de faire-valoir

Sans le mensonge, la vérité périrait de désespoir et d'ennui.

ANATOLE FRANCE

Connaissez-vous une de ces personnes qui passent leur temps à exagérer pour épater la galerie ? Chacun de nous a, dans son entourage, au moins une personne dont il doit diviser par deux ou trois tous les exploits. Quand nous ne pouvons pas prouver qu'elle ment, nous nous disons qu'elle invente sûrement. Ces personnes ne sont pas bien vues, car elles transgressent deux interdits que nous avons généralement intégrés depuis belle lurette : interdiction de mentir et interdiction de se vanter. Elles combinent les deux ! Enfant, nous apprenons tous qu'il n'est pas bien de mentir ni de nous vanter et nous sommes punis quand nous le faisons. Ces personnes utilisent le mensonge afin de se faire valoir et de se placer au-dessus des autres. Mais elles ne sont pas les seules… Car si certains sont passés maîtres dans ce type de mensonge, nous mentons tous à des degrés variés pour gonfler notre ego et nous montrer plus grands que nature. Le mensonge de faire-valoir sert à impressionner, à attirer l'attention en faisant pitié, à séduire ou à s'élever en rabaissant l'autre.

Avant d'en venir aux quatre raisons qui sous-tendent ce type de mensonge, passez le test suivant pour vous situer.

Test : Savez-vous mentir pour vous faire valoir ?

Pour chaque numéro, notez sur une feuille la réponse qui correspond le plus à la réaction que vous auriez dans les situations présentées.

1. Vous postulez pour un emploi où l'on exige la connaissance du logiciel Excel. Or, vous vous en servez automatiquement sans savoir précisément comment il fonctionne :
   a) Vous mentionnez que vous connaissez Excel en vous disant que vous suivrez un cours avant l'entrevue.
   b) Vous affirmez maîtriser ce logiciel.
   c) Vous admettez ne posséder qu'une connaissance fonctionnelle d'Excel.

2. Vous revoyez votre tante qui a beaucoup voyagé et elle vous demande quels pays vous avez visités. Vous n'êtes jamais sorti de votre pays, mais planifiez un voyage outre-mer :
   a) Vous dites que vous êtes allé dans le Sud deux fois et que vous vous apprêtez à survoler l'Atlantique.
   b) Vous prétendez avoir visité l'Europe et l'Amérique.
   c) Vous avouez que vous prendrez bientôt l'avion pour la première fois et vous lui demandez conseil.

3. Vous n'avez pas vu l'escalier et vous vous êtes foulé la cheville :
   a) Vous marchez en boitant beaucoup et vous vous plaignez.
   b) Vous mettez un bandage et vous vous promenez avec des béquilles.
   c) Vous restez chez vous pour reposer votre cheville et dites que vous avez une entorse.

4. Votre contrat est terminé et vous avez droit à des prestations d'assurance-emploi. Vous savez que vous aurez un autre contrat dans trois mois :
   a) Vous dites en soupirant que vous êtes au chômage.
   b) Vous prétendez avoir été mis à pied.
   c) Vous présentez les faits tels qu'ils sont.

5. Vous rencontrez une personne qui vous plaît et vous aimeriez lui plaire aussi :
   a) Vous en rajoutez pour avoir des chances de capter son intérêt en vous disant que les animaux, dans la nature, opèrent de la même façon.
   b) Vous exagérez beaucoup vos réalisations, votre richesse et votre statut pour que cette personne soit captivée et veuille vous revoir.
   c) Vous vous présentez tel quel en vous disant que vous voulez lui plaire pour ce que vous êtes.

6. C'est le deuxième rendez-vous avec la personne qui vous plaît beaucoup. Elle vous avoue qu'elle aime tellement le peintre Riopelle qu'elle ne pourrait pas aimer quelqu'un qui n'apprécie pas ses tableaux. Vous préférez les impressionnistes…
   a) Vous dites que vous aimez beaucoup ses toiles qui rappellent des paysages vus d'avion.
   b) Quelle coïncidence ! vous adorez Riopelle, vous aussi.
   c) Vous avouez votre préférence pour les impressionnistes en déclarant que vous pourriez aimer une personne qui ne les aimerait pas !

7. Vos enfants reviennent de leur week-end chez votre ancien conjoint. Ils sont tout fiers du nouveau jeu sur ordinateur qu'il leur a acheté :
   a) Vous prétendez qu'il achète leur affection parce qu'il ne les voit pas souvent.
   b) Vous critiquez le jeu et dites que leur père devrait jouer davantage avec eux plutôt que de les « brancher » devant l'ordinateur.
   c) Vous vous réjouissez de leur enthousiasme et tentez de jouer une partie avec eux ou vous les regardez jouer ensemble.

8. Votre voisin est tout fier d'avoir réussi la grille des mots croisés pour la première fois. Vous n'aimez pas ce jeu que vous trouvez compliqué. Vous dites :
   a) Pas besoin d'être une lumière pour réussir !
   b) Bravo ! Moi, j'ai réussi la maxi grille.
   c) Félicitations ! Je ne suis jamais parvenu à finir une grille de ma vie !

Résultats

Majorité de A : Vous savez mentir un peu pour vous mettre en avant et vous parvenez à rehausser votre image. Mais vous ne vous considérez pas comme un grand menteur : vous ne faites qu'en rajouter pour embellir la vérité...

Majorité de B : Vous n'éprouvez aucune difficulté à mentir pour vous faire valoir. Vous y prenez même un certain plaisir. Certaines personnes considèrent que vous êtes carrément un vantard, mais vous êtes surtout un menteur qui se met en valeur.

Majorité de C : Vous avez bien intégré les leçons de votre enfance et vous considérez qu'il est mal de mentir et de se vanter. Par conséquent, vous êtes naturel et sans artifice. Si cela déplaît aux autres, c'est leur problème ! Si vous avez huit « C », vous vous mentez à vous-même ! Sinon, vous mentez ponctuellement pour rehausser votre image aux yeux des autres.

Vous pouvez nuancer vos résultats en regardant pour quelle raison vous recourez à ce type de mensonge : pour impressionner (questions 1 et 2), pour susciter la pitié (3 et 4), pour séduire (5 et 6) ou pour paraître supérieur à l'autre en le rabaissant (7 et 8).

Le désir d'impressionner

Le désir d'impressionner autrui est le carburant du mensonge de faire-valoir. Le menteur en rajoute ou en invente pour attirer l'attention et susciter l'admiration. Ce type de mensonge serait surtout l'apanage des hommes. Selon Jean Gervais « les hommes mentent davantage en exagérant leur performance et leurs capacités. Les femmes, quant à elles, vont davantage recourir au mensonge pour se protéger[17] ». Bien qu'ils l'emploient plus, les hommes n'ont pas le monopole de ce genre de mensonge.

La plupart des gens ont une vie qu'ils jugent plutôt ennuyeuse et monotone. Ils envient les vedettes, croyant qu'elles ont une

17. « Entrevue : le mensonge », *Revue Notre-Dame*, novembre 1999.

vie digne d'intérêt, alors qu'une certaine routine est le lot de tous. Le mensonge de faire-valoir permet au menteur d'inventer des situations colorées qui font de lui une sorte de héros dont la vie est captivante. De personne ordinaire, il devient extraordinaire grâce à une existence hors du commun ou un vécu qui suscite l'envie et l'admiration.

Dans une nouvelle de Russell Banks[18], le narrateur raconte comment sa mère inventait des histoires l'impliquant avec des gens célèbres. Petit, il la croyait. Adulte, il a découvert la fausseté de ses récits. Sa mère mentait. Il a compris qu'elle espérait être aimée davantage si elle était associée à des gens célèbres. C'était sa façon à elle de se valoriser.

Les mensonges de l'Histoire

L'auteur et historien Pierre Miquel affirme que l'histoire ment comme elle respire. Dans l'Antiquité romaine, Jules César était le seul à raconter ses exploits. Il était donc historien et partie prenante de l'histoire. L'histoire servait moins à rapporter la vérité qu'à édifier.

Au Moyen Âge, les mensonges religieux furent abondamment servis aux Croisés qui ignoraient les visées expansionnistes de l'Église et les désirs d'enrichissement des seigneurs. Vers 1240, saint Bernard de Clairvaux eut recours à de multiples armes verbales, incluant le mensonge, pour excommunier le moine Abélard.

Le mensonge est devenu une affaire d'État avec l'affaire Dreyfus qui divisa la France entre 1894 et 1906. Même quand on a su que l'officier français juif n'était pas un espion à la solde de l'Allemagne, il a continué d'être utilisé comme bouc émissaire avant d'être gracié et réhabilité.

18. « My mother's memoirs, my father's lie, and other true stories », *Lying, Cheating & Stealing…, op. cit.*, p. 48-56.

Au XVIIIe siècle, Napoléon a menti pour assurer son pouvoir, mais aussi afin de laisser en héritage une image de lui satisfaisante pour son ego[19].

Et nous pourrions multiplier les exemples sur des centaines de pages…

Plusieurs personnes m'ont raconté des cas de menteurs qui inventent des récits sans queue ni tête pour épater leur entourage. L'invraisemblance de leurs histoires les trahit et les rend pitoyables ou risibles. Par exemple, une étudiante du collégial prétendait être payée pour surveiller le trafic de drogues, affirmait être danseuse nue et disait avoir été séquestrée durant deux mois. Une autre menteuse pathologique a déjà affirmé sans ciller que le bleu *aqua* de ses nouveaux verres de contact était la couleur naturelle de ses yeux : avant, elle portait des lentilles brunes ! Une camionneuse québécoise transportait le matériel d'une troupe de théâtre amateur et disait avoir conduit pour les tournées des Rolling Stones et d'Édith Butler. Or, celui à qui elle a raconté cette histoire a observé qu'elle éprouvait des difficultés à changer de vitesse… De plus, dès qu'ils passaient devant l'affiche d'un chanteur, elle racontait une histoire pour montrer qu'elle le connaissait personnellement : si elle avait connu tant de gens, aurait-elle travaillé pour une troupe d'amateurs ?

Dans le roman pour enfants *Les mensonges de Dominique*, Jean Gervais raconte comment Mélissa utilise le mensonge pour attirer l'attention de la classe et se donner de l'importance. Un jour qu'une nouvelle enseignante parlait du pôle Nord, elle a prétendu y être allée et avoir fait un tour sur un traîneau tiré par 50 chiens. Malheureusement, tout le monde la traite de menteuse, et elle n'impressionne aucun élève. Mélissa n'a aucun ami. L'enseignante lui demande de faire un exposé sur le pôle Nord et d'amener ses souvenirs de voyage en classe le lendemain. Toute la classe rit d'elle. Elle est dans de beaux draps ! Finalement, grâce à l'influence de Marjorie,

19. Cosseron, Serge, *Les mensonges de Napoléon,* Paris, France Loisirs, 2002.

sa nouvelle voisine, Mélissa passe aux aveux. Comment parvient-elle à se débarrasser de sa manie de mentir? En étonnant ses camarades d'une autre manière: elle devient bonne au soccer (le football européen) grâce à Marjorie et à sa sœur qui est entraîneur. Ce faisant, elle attire d'autres amis qui veulent jouer avec elle. Elle prend plaisir à jouer, épate les autres par ses prouesses avec le ballon et ne ressent plus le besoin de mentir pour impressionner.

LES POLITICIENS ET LE MENSONGE

Le livre *Le syndrome de Pinocchio* de l'éditorialiste André Pratte[20] porte exclusivement sur la propension des politiciens à mentir et à déformer les faits. Le professeur et romancier Jean Gervais prétend qu'il est inévitable que les politiciens mentent, car ils ne pourraient pas demeurer au pouvoir s'ils disaient la vérité. Il ajoute que nous sommes responsables de leurs mensonges puisque nous préférons nous faire bercer d'illusions plutôt que d'entendre des vérités déprimantes. Voteriez-vous pour un politicien qui admet son ignorance ou affirme que les problèmes économiques et environnementaux dépendent de la situation mondiale et que la volonté politique d'un seul pays ne peut suffire à les régler? Habituellement, nous votons pour ceux qui nous proposent des solutions, même si celles-ci sont inefficaces ou ne règlent rien à long terme. Le mensonge serait au fondement même de la politique. Le bienfait qu'il procure — donner espoir — permet de l'accepter. De plus, dans tous les États du monde, la sécurité nationale passe au-dessus de l'obligation morale de dire la vérité. En temps de guerre surtout, les mensonges constituent une arme contre l'adversaire. La propagande en est une bonne illustration. De nombreux ouvrages font état des mensonges qui ont été médiatisés durant les deux guerres mondiales, la guerre du Vietnam et la guerre du Golfe afin de démoniser l'adversaire et de susciter l'adhésion du public en faveur de la guerre.

20. *Le syndrome de Pinocchio,* Montréal, Boréal, 1997.

Le désir de susciter la pitié

Ceux qui mentent pour impressionner se disent sans doute qu'il vaut mieux faire envie que pitié. Certains menteurs cherchent pourtant à inspirer la pitié ou la compassion afin de se donner de l'importance. Ils attirent l'attention sur eux en faisant la narration de leurs malheurs qu'ils exagèrent et déforment. C'est leur façon de susciter la sympathie et de se faire plaindre. La manipulation est souvent présente dans leur récit. On peut se complaire longtemps dans cette dynamique qui incite à mentir davantage pour faire encore plus pitié et se donner de l'importance dans le rôle de « la pauvre personne qui souffre ».

Une nouvelle de Tobias Wolff[21] met en scène un jeune garçon qui invente constamment des malheurs familiaux et les raconte aux voisins et aux étrangers. Quand sa mère reçoit les condoléances ou les regrets d'une voisine, elle sait que son fils a menti en inventant la maladie, l'accident ou le décès d'un proche. Cela la met en furie. Ce n'est pas seulement les mensonges de son fils qui la perturbent, mais leur caractère morbide. Elle prend cela de manière personnelle et s'accuse de l'échec de l'éducation de son garçon. Elle l'envoie consulter un médecin pour qu'il guérisse. En vain. La dernière scène nous montre son fils racontant à des inconnus qu'il est né au Tibet et est venu en Amérique du Nord afin d'aider les orphelins. Ceux qui l'écoutent sont captivés par le récit de ses malheurs. Il ment pour se rendre intéressant et se faire apprécier. Ce type de menteur a quelque chose du conteur et du romancier qui invente des histoires pour intéresser son public. La plupart des gens vont partir de la vérité et la déformer, l'exagérer pour la rendre plus intéressante. Le rhume devient bronchite, le kyste devient tumeur maligne et l'entorse devient fracture. L'objectif est d'attirer la sympathie, de se

21. Wolff, Tobias, « The liar », *Lying, Cheating & Stealing... », op. cit.*, p. 92-112.

faire plaindre et, si possible, de se sentir aimé de ceux qui nous prennent en pitié. Dans certains cas, la simulation d'une maladie grave peut servir à gagner l'affection d'une personne, comme dans l'histoire vécue qui suit.

Le faux cancer d'une adolescente

Quand Francine avait 16 ans et qu'elle faisait partie de la troupe de théâtre de son école, elle s'est liée d'amitié avec Chantal, une élève de la troupe qui avait 17 ans. Les deux comparses sont devenues des amies très proches. Même si elle continuait de fréquenter d'autres jeunes comédiennes de la troupe, Francine était toujours avec Chantal. Un jour, cette dernière lui a appris qu'elle souffrait d'un cancer. Francine était estomaquée et très troublée. Elle a pris grand soin de Chantal, négligeant ses autres amies. Le jour de son seizième anniversaire, une amie de classe lui a avoué que Chantal avait inventé cela pour avoir toute son attention. Francine ne pouvait croire à un tel mensonge, qu'elle qualifiait de « monstrueux ». Elle a confronté Chantal, qui lui a avoué que c'était, hélas ! la vérité. Du jour au lendemain, Francine n'a plus jamais adressé la parole à cette fille qui, pourtant, l'adorait. Pour la Francine de 16 ans, c'était tout blanc ou tout noir. Son amie lui avait menti et elle avait donc perdu sa confiance à tout jamais. « Après avoir cheminé spirituellement et avoir été jugée comme je l'avais jugée, explique Francine, qui a maintenant 45 ans, j'ai appris la compassion et j'ai toujours regretté mon geste draconien. » Un soir, en rentrant chez elle, une ancienne camarade de classe l'attendait à la maison pour lui dire qu'elle manquait de cœur d'avoir traité Chantal comme cela. Francine a alors appris que l'appartement de son ancienne amie était tapissé de photos d'elle. Avec le recul, Francine a développé une autre vision de la situation : « Je vois bien qu'elle était en amour fou avec moi, mais je ne comprenais rien de cela à l'époque. J'ai essayé de la retrouver, mais je n'y suis jamais parvenue. »

Le désir de séduire

Le mensonge de faire-valoir peut aussi être un moyen pour attirer une personne qui nous plaît. Le jeu de la séduction justifierait le recours à toutes les tactiques. Si vous êtes sur le marché des célibataires, en quête d'un partenaire, vous savez de quel jeu il est question. Compliments douteux, feintes et mensonges en font souvent partie. Sans parler du recours à des artifices pour bonifier son image : correcteur de teint, fausses dents, implants capillaires, coloration, faux seins, etc. Ne dit-on pas « Menteur comme un soutien-gorge » ? À l'instar du paon, qui déploie sa queue et fait la roue pour séduire la femelle, et des autres parades animales qui caractérisent les périodes d'accouplement dans de nombreuses espèces, l'être humain utilise tous ses atours pour arriver à ses fins, y compris le mensonge, comme l'illustrent les deux cas suivants.

L'explorateur menteur

Pierre et Michel suivaient une formation, au Québec, pour devenir guides en tourisme d'aventure. Or, leurs expéditions se limitaient au Canada et à l'Est des États-Unis. Ils avaient cependant beaucoup lu sur les autres pays et leurs cours leur permettaient de connaître les exigences des expéditions à l'étranger. Ils étaient tous les deux attirés par Gina, une jeune exploratrice qui avait voyagé sur quatre continents. Seul avec elle, Pierre a commencé à mentir sur ses expériences de voyage afin de l'impressionner. Gina était intéressée par Pierre, car ils avaient en commun la passion du voyage et des autres cultures. Leur amitié a tôt fait de se transformer en relation amoureuse passionnée. Peu de temps après, Pierre a postulé pour un emploi de guide touristique et a demandé à Michel de mettre à jour son curriculum vitae. Ce dernier a été sidéré de constater à quel point son ami mentait en déclarant avoir autant voyagé. Michel est allé voir Gina et lui a avoué que Pierre, tout comme lui, n'avait exploré que deux États américains et cinq provinces canadiennes. Outrée que Pierre ait inventé toutes ces aventures, la jeune femme a mis un terme à sa relation avec lui. Pierre a su que Michel l'avait trahi et il s'est mis à le bouder pour le punir d'avoir révélé la vérité...

Séduction frauduleuse par Internet

Patrice est un consultant en marketing de 43 ans à la recherche d'une partenaire. Sportif, il affirme rechercher une compagne qui pratique le vélo et le ski alpin. Sa quête l'a amené à consulter les messages sur un site de rencontres par Internet et il dit en avoir vu de toutes les couleurs. Toutes les femmes qu'il a rencontrées étaient beaucoup plus jolies en photo qu'en personne. L'image d'une ancienne danseuse l'attirait tout particulièrement. Diane était mince, avait une belle peau et de longs cheveux de jais. Elle prétendait faire du ski et du vélo tout comme lui. Elle lui a donné rendez-vous à l'entrée d'un bar. Patrice a vu une petite femme rondelette entrer dans le bar. Elle était vêtue d'un manteau déchiré. Son teint était terne. Il s'est dit que ce n'était sûrement pas elle, mais son instinct l'a poussé à prononcer son prénom et la femme s'est retournée. C'était elle. Patrice a failli lui dire qu'il y avait erreur sur la personne, mais la politesse l'en a empêché. Il a pris un verre avec elle durant une heure et lui a posé des questions sur ses activités sportives : « Combien de fois as-tu fait du vélo l'été dernier ? s'est-il enquis. « Je n'en ai pas fait depuis deux ans », a-t-elle répondu candidement. Pour le ski, c'était la même chose. Patrice a eu l'impression d'avoir été appâté comme un vulgaire poisson. Non seulement Diane avait menti sur sa pratique sportive, mais elle avait aussi triché sur son apparence en mettant une photo qui devait dater d'une quinzaine d'années – minimum ! Les mensonges de Diane n'avaient qu'un but : la séduction. Comme elle a exagéré, elle a suscité le contraire de ce qu'elle recherchait : le rejet !

Les médias et le mensonge

Les médias sont des professionnels de l'illusion et de la déformation, pour notre divertissement et pour stimuler notre désir de consommation. La publicité ment pour mieux séduire, on le sait et on l'accepte. Même quand une annonce dit la vérité, elle ment évidemment par omission en taisant les faiblesses du produit ou du service.

Dans les relations publiques, on déforme la vérité quand on préconise l'emploi des termes « rationalisation » pour signifier « mise à pied », et « alliance stratégique » pour rendre compte des phénomènes de concentration des médias, de création de monopoles ou d'oligopoles. Les journalistes se font complices des relationnistes quand ils servent de simple courroie de transmission et reprennent les termes mensongers sans les critiquer ni reprendre les mots justes. Le téléjournal, loin de constituer une fenêtre sur l'actualité, construit les événements par la sélection d'éléments, le choix des personnes interviewées, l'angle de prise de vue, etc. La désinformation est courante dans le monde de l'information.

Les émissions de télé-réalité et de télé-vérité, si populaires, telles que les séries *Temptation Island* et *Cheaters,* incitent également au mensonge, voire à l'infidélité. Les téléspectateurs se passionnent pour des concepts d'émission mettant en vedette des gens ordinaires qui vivent des situations hors du commun, ou pour le quotidien des stars. Mais comment conserver l'attention d'un public en mal de nouveautés constantes si ce n'est par la simulation et la mise en scène ? Les journaux à potins se font un devoir de départager le « vrai » du « faux » en rapportant les mensonges de Marlène ou de Lauryne dans *Loft Story* et consorts. Pour ce qui est des films basés sur des histoires vécues de vedettes, la plupart seraient ennuyeux à mourir sans les retouches — comprendre les « mensonges » — apportées par les réalisateurs. Ces derniers sont d'ailleurs poursuivis par les proches de ces vedettes qui les disent mal représentées. Les médias carburent au mensonge pour mieux nous séduire et nous retenir.

Rabaisser l'autre pour mieux s'élever

On dit de certaines personnes qu'elles rabaissent les autres pour mieux s'élever. C'est le cas du mensonge de faire-valoir qui sert à rehausser l'image de soi tout en dénigrant l'autre. Le frère exagère la bévue de sa sœur et en invente une partie. Le collègue lance une rumeur sur le compte de celle qui a postulé au poste qu'il convoite. Le professeur dénigre une étudiante qui ignore une réponse et ment ensuite sur son compte en exagérant l'étendue de son ignorance. Les rapports de pouvoir sont au cœur des mensonges qui rabaissent l'autre pour mieux se mettre en avant. Le menteur veut dominer, voire écraser celui dont il parle, et il utilise le mensonge à ces fins. Les familles éclatées dont les anciens conjoints ne sont pas en bons termes offrent des exemples typiques de ce genre de mensonge.

Le problème est que les parents qui mentent à leurs enfants afin de rabaisser leur ancien conjoint et de redorer leur propre blason blessent davantage leur enfant que leur ancien partenaire. Habituellement, un enfant aime ses deux parents et il les met tous les deux sur un piédestal. Quand on est enfant, on est fier de ses parents. L'adolescence vient bien assez vite. Les lunettes roses de l'enfance s'assombrissent alors, parfois brutalement, au grand dam des parents peu habitués à se faire critiquer. Quand l'enfant surprend son père ou sa mère à rabaisser son autre parent, il éprouve du ressentiment. Ce ressentiment est en général bien vite refoulé, mais il revient à la surface quand l'enfant réalise que la critique était mensongère. L'enfant à qui l'on ment se sent trahi. Celui en qui il mettait toute sa confiance se révèle être un menteur, un imposteur, un tricheur. Ce constat peut laisser des blessures permanentes : l'enfant peut commencer à se replier sur lui-même et en venir à douter de ses perceptions. Les mensonges concernant les anciens conjoints sont souvent le fait de parents manipulateurs qui veulent garder pour eux seuls l'affection de leurs enfants. Trop souvent, ils tentent d'influencer leur progéniture afin qu'elle aussi partage leur haine du parent ingrat qui les a quittés. Le parent menteur croit ainsi punir son ex-conjoint et se venger de lui. Mais c'est d'abord ses propres enfants qu'il punit, car ces derniers sont forcément mal à l'aise et tristes dans cette situation, à moins qu'ils ne partagent la haine de l'autre parent. Faut-il rappeler que la haine est un poison toxique pour la personne qui la ressent ? Le cas qui suit illustre les ravages du ressentiment entre anciens conjoints et ses répercussions sur leur progéniture.

Les enfants pris en sandwich

Emmanuel et Jonas, respectivement âgés de 10 et 12 ans, habitent sur la rive sud de Montréal avec leur mère, Viviane. Ils passent une fin de semaine sur deux avec Bertrand, leur père. Les anciens conjoints éprouvent de l'animosité l'un envers l'autre et ne le cachent pas. L'été dernier, Jonas et Emmanuel participaient à un camp spatial à Laval, au nord de Montréal. Le dernier jour du camp correspondait à la fin de semaine de garde de leur père. Ce dernier a appelé son ancienne conjointe pour lui dire qu'il irait chercher leurs fils au camp. La mère s'est opposée car elle partait ensuite pour une semaine à son chalet dans les Laurentides et ne voulait pas revenir à Montréal. Bertrand a insisté, mais elle n'a rien voulu savoir. Il a affirmé que c'était sa fin de semaine de garde et qu'il avait le droit de voir ses enfants. Il est donc allé les chercher. Viviane s'est également rendue à Laval et a été estomaquée de constater que ses fils n'étaient plus là. Elle a appelé chez Bertrand et c'est Jonas qui a répondu : « Comment se fait-il que vous ne m'ayez pas attendue au camp ? Votre père ne m'a pas dit qu'il allait vous chercher. Il n'est pas correct. J'étais très inquiète », a-t-elle lancé. Après avoir raccroché, Jonas a demandé des explications à son père. Bertrand lui a répondu que sa mère était menteuse, car elle savait qu'il allait les chercher. Plus tard, Viviane a dit à ses fils que leur père n'était pas fiable et qu'il ne fallait pas croire ce qu'il disait. Les deux frères ne savaient plus à quel parent se fier. Ils étaient anxieux et confus. Emmanuel a décidé de croire son père et s'est ligué contre sa mère. Quant à Jonas, il essaie encore de ménager ses deux parents et joue le rôle de médiateur.

Les excès des menteurs

Les menteurs compulsifs ne peuvent s'empêcher d'exagérer et d'inventer des faits pour impressionner et susciter l'admiration de leur entourage. Ce désir est plus fort que tout le reste. Au point que les autres n'entendent presque pas ce qu'ils disent tellement ils sont agacés par leur tendance à vouloir toujours épater. ***Ce que l'on dégage parle plus fort que ce que l'on dit.*** Les mensonges visant à impressionner entravent la communication avec les autres. Peu importe ce que les menteurs disent, leur message est le même : « Remarquez comme je suis bon, intelligent, astucieux… » Dans le cas des séducteurs, le texte est plutôt : « Soyez éblouis par ma beauté et mon charme. » Pour ce qui est des menteurs qui cherchent à faire pitié, le message qui sous-tend leurs mensonges serait : « Regardez à quel point je souffre et fais pitié. » Quant à ceux qui tentent de s'élever en rabaissant autrui, ils clament : « Constatez que je suis le meilleur. L'autre m'est tellement inférieur ! » Les menteurs qui tentent de se faire valoir veulent tous récolter de l'attention et de la reconnaissance. Ils souhaitent avoir toujours raison et sont prêts à mentir pour ne pas avoir tort, ce qui irrite leurs proches. À la longue, ils deviennent la risée de leur entourage, qui ridiculise leurs mensonges et n'est plus du tout impressionné ni séduit. Par conséquent, ils changent souvent d'amis.

Au fond, ces menteurs sont pleins d'insécurité et veulent se faire aimer. Certains se croient réellement supérieurs aux autres, mais la plupart doutent de leur valeur personnelle et mentent afin qu'on les admire et qu'on les apprécie. Malheureusement pour eux, leurs mensonges ont plutôt tendance à repousser les autres qu'à les attirer. C'est un gros mensonge que de se croire supérieur à autrui. Ça en est un aussi gros de se prétendre inférieur. La guérison des excès du mensonge de faire-valoir ne passe-t-elle pas par l'acceptation de soi avec ses forces et ses faiblesses, par la reconnaissance de son égalité intrinsèque avec tous les autres humains ?

Dans le pire des cas, une personne peut mentir à un point tel que toute sa vie repose sur le mensonge. Le meurtre apparaît alors comme la seule porte de sortie quand la vérité est sur le point d'exploser. C'est ce qui est arrivé au tristement célèbre Jean-Claude Romand dont l'histoire a fait l'objet d'un roman et de deux films[22].

Quand le mensonge conduit au meurtre

Jean-Claude Romand a été élevé dans une famille suisse où la règle était de ne jamais mentir, mais où les pieux mensonges allaient de soi. Il s'était retrouvé aux prises avec une double contrainte : d'un côté, il ne fallait jamais mentir, de l'autre, il devait pourtant taire certaines choses pour ne pas causer de chagrin. À la fin de sa deuxième année de médecine, Jean-Claude ne s'est pas présenté aux examens. Au lieu de dire qu'il était déprimé parce que sa future femme l'avait éconduit ou qu'il n'avait pas entendu son réveil et ne s'était pas présenté aux épreuves, il a prétendu les avoir réussies. L'année suivante, il s'est réinscrit en 2e année et a assisté aux cours de 3e année sans passer les examens. On peut considérer qu'il a commencé à se mentir à lui-même à ce moment-là. Il a recommencé ce manège 12 ans de suite : s'inscrire aux cours de 2e année de médecine tout en continuant de suivre la formation des années supérieures en même temps que sa promotion d'origine. Il a ensuite fait semblant d'avoir obtenu son diplôme de médecine, puis il a feint d'être chercheur médical à l'Organisation mondiale de la santé. Malgré tous ses mensonges, il s'est vraiment marié et a eu deux enfants. Durant 18 ans, il a réussi à duper tout le monde. Il vivait en empruntant de l'argent sous prétexte de l'investir. Il avait comme philosophie : « Surtout ne croyez pas vos amis quand ils vous demanderont d'être sincères avec eux. Si vous vous trouvez dans ce cas, n'hésitez pas : promettez d'être vrai et mentez le mieux possible (p. 148). » Quand certaines personnes ont commencé à se douter de ses mensonges

22. Carrère, Emmanuel, *L'adversaire*, Paris, France Loisirs, 2000. Les films sont les deux derniers de la liste présentée en annexe.

et de ses fraudes, Jean-Claude Romand n'a pas pu supporter l'idée de décevoir ses proches et de nuire à l'image flatteuse de lui-même qu'il avait construite pendant des années. Au cours de la même soirée, le 9 janvier 1993, il a tué son père, sa mère, sa femme et ses deux enfants. Il a raté son suicide et purge actuellement une peine de prison à vie. De sa prison, il affirme qu'être un assassin, l'image la plus basse qui soit, est plus facile à supporter que les 20 ans de mensonges qui ont précédé les meurtres. Ses mensonges ont ruiné son existence et ont coûté la vie à ses proches.

Exercice de contemplation

Les mensonges de faire-valoir visent à rehausser l'image de soi aux yeux des autres. De manière ultime, le but poursuivi est de se faire aimer. L'exercice qui suit vous permettra de faire face à vos mensonges de faire-valoir. Si vous ne vous considérez pas comme un menteur, soyez assez honnête pour reconnaître que tout le monde a déjà menti pour se mettre de l'avant et que vous pourriez le faire dans certaines circonstances.

Asseyez-vous le dos droit, les pieds reposant au sol. Fermez les yeux quelques minutes en vous concentrant sur votre respiration. Quand vous aurez fait le calme en vous, posez-vous les questions suivantes. Vous pouvez fermer les yeux après chaque question, puis écrire les réponses qui émergent sur une feuille :

– Quel mensonge ai-je raconté récemment pour impressionner quelqu'un ?

– Quel mensonge ai-je déjà raconté pour faire pitié ?

– Quel mensonge ai-je souvent raconté pour séduire ?

– Quel mensonge ai-je déjà raconté pour rabaisser quelqu'un ?

– Quel est le plus gros mensonge que j'ai raconté au cours de ma vie pour me faire aimer ?

– Quel est le plus gros mensonge que je me raconte à moi-même ?

Si vous mentez souvent pour vous faire valoir, la contemplation vous permettra de comprendre les raisons profondes qui vous motivent. Si un proche vous ment régulièrement de cette façon, vous saurez mieux le comprendre et vous le jugerez moins. Comprendre est la première étape pour recréer les ponts de la confiance, du pardon et de la compassion qui sont nécessaires dans toute relation vivante et authentique.

Chapitre 3

L'art de détecter les mensonges

Aucun homme n'a assez de mémoire pour réussir dans le mensonge.
ABRAHAM LINCOLN

Tout le monde possède l'habileté à détecter la vérité et le mensonge, mais la majorité des gens ne réussissent pas à bien le faire. Les mythes concernant le mensonge n'aident en rien à le débusquer. Ainsi, si vous êtes de ceux qui croient qu'un menteur évite le regard de la personne à qui il ment, vous serez incapable de détecter un mensonge énoncé avec aplomb, les yeux dans les yeux. Et vous ne pourrez pas faire grand-chose pour éviter que l'on vous mente. La meilleure façon de vous protéger, c'est d'apprendre à reconnaître et à identifier les comportements complexes associés au mensonge, à la duperie et à la tromperie.

Avant d'être en mesure de décoder les quatre composantes de la communication que sont le corps, le visage, la voix et les paroles, il importe de se préparer : se demander ce que l'on cherche, faire le vide dans son esprit et se mettre en mode « écoute » sont des moyens de choix en guise de préliminaires à la « lecture » de l'autre et à la détection des mensonges. Nous ne devons pas nous comporter comme un débutant qui oublie de tenir compte du contexte et commet ainsi des erreurs fâcheuses. Quand nous sommes prêts, nous avons intérêt à suivre les sept règles qui permettent de détecter le mensonge et favoriseront donc le succès de notre opération. Dans ce cadre, notre intuition s'avère un instrument des plus utiles. Encore devrions-nous savoir nous en servir ! Le test suivant vous révélera dès à présent si vous êtes déjà doué…

Test[23] : Disposez-vous d'un bon « détecteur de mensonge » ?

Pour savoir si vous possédez les habiletés de base permettant de détecter les mensonges, répondez sur une feuille par vrai ou faux aux questions suivantes, sans trop réfléchir. La première réponse qui vous vient à l'esprit est généralement la bonne. Ne vous mentez pas à vous-même !

1. Quand je marche dans la rue, je suis toujours conscient des gens qui marchent derrière et à côté de moi.
2. Lorsqu'une personne ou une situation éveille en moi un sentiment négatif, je me demande toujours pour quelle raison.
3. Je ne suis pas étonné lorsque ma première impression se révèle justifiée.
4. Lorsque je n'aime pas quelqu'un, je prends le temps d'analyser mon antipathie à son égard.
5. Lorsque j'aime quelqu'un, je réfléchis souvent à la raison pour laquelle cette personne me plaît.
6. Lorsqu'une personne que je viens tout juste de rencontrer m'est antipathique, je tiens compte de ce sentiment ; je n'essaie pas de l'expliquer par ma propre fatigue ou mon énervement.
7. Je me souviens presque toujours de ce que les gens m'ont dit.
8. Lorsque je parle aux gens, je prête une grande attention à leur expression faciale.

---

23. Les questions de ce test sont tirées du test : « Suis-je capable de lire les autres ? » dans le livre *Je sais ce que tu penses,* de Lillian Glass, Montréal, Les Éditions de l'Homme, 2003. Il en est de même pour les tests qui suivront sur les codes facial, vocal et verbal.

9. J'écoute soigneusement le ton de la voix de mes interlocuteurs ; par conséquent, je devine toujours leurs sentiments lorsqu'ils s'adressent à moi.
10. Je ne suis pas naïf, je ne crois pas tout ce que l'on me dit.
11. Je questionne les gens, je les convaincs d'assumer la responsabilité de ce qu'ils disent, en leur demandant de s'expliquer, surtout lorsque je ne suis pas d'accord.
12. Je suis généralement capable de discerner si quelqu'un me ment ou déforme la réalité.
13. Je suis toujours capable de discerner si quelqu'un m'aime.
14. Je me souviens exactement de la manière dont quelqu'un se comportait en me racontant une histoire particulière.
15. Si je devais décrire la manière dont quelqu'un parle, je n'aurais aucune difficulté à m'en souvenir pour la décrire.
16. Sans pouvoir évoquer une menace précise, je me sens mal à l'aise ou effrayé en présence d'une personne dont je viens de faire la connaissance.
17. J'excelle à me souvenir mot pour mot de ce que quelqu'un m'a dit.
18. Lorsque quelqu'un dit quelque chose de mal avisé, je le remarque immédiatement.
19. Je laisse rarement passer un compliment empoisonné ou une remarque désobligeante et je comprends immédiatement ce que la personne essaie de me dire.
20. Lorsque quelque chose ne me plaît pas, j'éprouve immédiatement une sensation physique, dans la gorge ou le plexus.
21. J'ai tendance à beaucoup transpirer lorsque quelque chose ne me plaît pas ou lorsque je suis très tendu.
22. Lorsque quelque chose me chiffonne, j'ai tendance à manger plus ou moins qu'à l'accoutumée.
23. Lorsque les gens font preuve d'inconséquence dans leurs propos, il m'arrive souvent de les reprendre.
24. Lorsque je soupçonne que quelqu'un ne me dit pas la vérité, je continue à lui poser des questions détaillées.
25. Lorsque quelqu'un dit quelque chose qui semble en contradiction avec son expression faciale ou son langage corporel, je m'en aperçois toujours.

Donnez-vous un point chaque fois que vous avez coché « vrai » et zéro point quand vous avez coché « faux ». Additionnez vos points.

Résultats

25 points : Vous bénéficiez d'un super détecteur de mensonge !

Si vous avez répondu « vrai » aux 25 questions, et ce, sans vous mentir, vous possédez un sens aigu de l'observation et êtes parfaitement en accord avec ce que votre intuition vous dit et ce que vous ressentez. Vous êtes conscient de ce que vous éprouvez et présent à votre environnement. Félicitations ! Vous détectez facilement les mensonges et on ne doit pas vous mentir deux fois. Vous êtes doté de belles valeurs, telles que l'honnêteté, l'intégrité et le souci d'autrui. Votre sensibilité et votre capacité à décoder ce que les autres vous disent vous permettent d'exercer un bon leadership. Mais même si vous avez réussi le test à 100 %, vous pouvez encore apprendre !

17-24 points : Vous êtes doté d'un très bon détecteur de mensonge !

Ce résultat indique que vous êtes doté de bons instincts, mais que vous regrettez parfois de ne pas avoir suivi votre intuition. Vous n'avez pas assez confiance en votre capacité de jauger une situation même lorsque vous ne disposez pas de tous les éléments. Vous regrettez parfois d'avoir accompli une action alors que vous sentiez qu'elle tournerait mal. Vous avez simplement besoin de mieux comprendre comment fonctionne votre intuition et de conscientiser la manière de détecter les mensonges afin d'être doté d'un excellent détecteur.

8-16 points : Votre détecteur de mensonge a besoin de réparations…

Vous n'aimez pas prendre de risques ni faire de vagues. Vous détestez la confrontation et aimez mieux le *statu quo*. Si l'on vous ment, vous préférez fermer les yeux plutôt que d'embarrasser le menteur. Ce faisant, vous mentez à votre tour en faisant mine de croire les bobards que l'autre vous raconte. Parfois, vous voyez clair et prenez note du mensonge, mais vous l'ignorez malgré tout. D'autres fois, vous ne voulez tellement pas voir la vérité que vous gobez le mensonge. Ce livre vous aidera à raffiner votre capacité à détecter les mensonges. Vous y apprendrez à faire davantage confiance à votre perception et saurez mieux à qui faire confiance.

0-7 points : Vous êtes confondu par le mensonge…

Vous avez besoin d'aide. Vous commettez probablement des erreurs à répétition. Vous vous reprochez de vous faire entourlouper sans rien voir. Vous êtes las de vous sentir dupé, trompé, trahi et berné. Soit vous êtes de nature tranquille et vous tenez tout pour acquis, soit vous êtes à ce point centré sur vous que vous manquez les signaux que vous adressent les autres. En conséquence, il n'est pas étonnant que vous soyez constamment déçu et blessé. La lecture de ce livre devrait être une priorité dans votre vie actuelle. En apprenant à déchiffrer ce que vous disent les autres et à détecter leurs mensonges, vous cesserez d'être désarçonné et resterez en selle. Vous saurez apprécier la randonnée au lieu de passer votre temps à tomber et vous blesser.

Préparez-vous à détecter les mensonges

L'être humain ne peut avoir deux pensées en même temps. On peut certes avoir une pensée à l'arrière-plan tandis qu'une autre occupe le devant de la scène, mais il est impossible de penser à deux sujets distincts au même moment. Mentir oblige à composer avec de multiples choses : la vérité et le mensonge, la cohérence des paroles, la nervosité, les émotions telles que la peur de se faire démasquer et la culpabilité — ainsi que leur travestissement — les stratégies qu'il convient de déployer pour faire «avaler» le mensonge, etc. Comme le menteur ne peut pas tout prévoir ni tout contrôler, il se trahit d'une manière ou d'une autre, à un moment donné. Même s'il s'est exercé à raconter son mensonge, il ne peut pas anticiper toutes nos questions et nos réactions. Pour cette raison, il est possible de le déstabiliser et de le surprendre. Même un menteur professionnel peut se faire démasquer. Comme l'a si bien déclaré Abraham Lincoln : «On peut tromper tout le monde quelquefois, on peut tromper certaines personnes tout le temps, mais on ne peut pas tromper tout le monde tout le temps.» ***La détection des mensonges repose sur le repérage et le décodage des incohérences qui existent entre les codes de communication.***

Pour être en mesure de voir clair quand votre interlocuteur vous parle, vous devez être totalement présent à l'échange et à ses composantes : les mots de l'autre, sa voix, son visage, son corps. Cela demande une certaine préparation. D'abord, demandez-vous quelles sont les informations que vous souhaitez vérifier. Ensuite, tentez d'oublier vos préoccupations. Enfin, suivez les conseils que nous prodiguaient nos enseignantes de l'école primaire pour nous apprendre à traverser la rue : arrêtez, regardez et écoutez.

Que voulez-vous savoir?

Si vous ne savez pas ce que vous cherchez, vous mettrez malgré vous en application un des principes de Peter : quand on ne sait pas où on va, on aboutit ailleurs ! Avant d'activer votre détecteur de mensonge, vous devez vous poser certaines questions : pourquoi cherchez-vous à vérifier l'honnêteté d'une personne ? Quel but poursuivez-vous ? De quoi voulez-vous vous assurer concernant cette personne ? Concentrez-vous sur ces questions. Sinon, vous risquez de devenir paranoïaque et de vous mettre à traquer les mensonges à l'aveuglette. Voulez-vous savoir si votre interlocuteur est fiable ? Vous êtes employeur et vous vous demandez si la personne que vous souhaitez embaucher a vraiment les compétences que son *curriculum vitæ* met de l'avant. Ou bien vous êtes amoureux et vous vous interrogez sur votre compagnon (ou votre compagne) : veut-il vraiment s'engager ou ne cherche-t-il qu'à gagner du temps parce qu'il est ambivalent ? Déterminez ce que vous désirez savoir avant de rencontrer la personne.

Si vous recherchez un partenaire pour fonder une famille ou une gardienne pour s'occuper de vos enfants, il importera de vous assurer qu'ils aiment vraiment les enfants. Mais ils vous diront certainement ce que vous voulez entendre, même si ce n'est pas vrai. Vous ne pouvez donc pas vous fier uniquement à ce qu'ils vous racontent. La gardienne a peut-être désespérément besoin d'argent et elle n'est pas forcément qualifiée pour remplir une autre fonction. Le conjoint potentiel a peut-être simplement envie d'une maîtresse, mais il croit qu'il est dans son intérêt de vous faire miroiter un avenir à un long terme et met donc de l'avant un soi-disant désir de paternité. Dans le cas de l'embauche d'une secrétaire, ce n'est pas important de savoir si elle aime les enfants. Par contre, vous aurez besoin de vous assurer de son sens des responsabilités. Si vous lui posez la question : « Êtes-vous responsable ? », vous pouvez être certain qu'elle acquiescera, que ce soit vrai ou non.

Tous vos sens doivent être en alerte quand vous discutez avec une personne qui veut entrer dans votre vie ou que vous souhaitez embaucher.

Bien voir la réalité est essentiel. Il en va de votre satisfaction, de votre sécurité, voire de votre bonheur relationnel.

La centration sur soi

Vous devez vous centrer sur vous-même afin d'être en mesure de bien décoder ce que votre interlocuteur vous communique par ses paroles, sa voix, son visage et son corps. Se centrer sur soi permet d'éviter de se perdre dans les stimulations externes et de s'ouvrir à l'intuition. Peu importe la technique que vous utilisez pour éliminer les préoccupations parasites et vous centrer sur vous — méditation, activité manuelle, marche — le résultat est le même : vous êtes plus ouvert à vous-même et à l'autre. En plus de réduire le bruitage mental, essayez aussi de diminuer, voire d'éliminer, les bruits extérieurs. L'exercice qui suit vous aidera à vous centrer et à faire le vide dans votre esprit. Ainsi, votre jugement sera moins biaisé quand viendra le temps de décoder ce que vous dit votre interlocuteur.

Exercice de respiration

La respiration consciente est une technique préconisée par plusieurs auteurs, dont Lillian Glass. Elle vous aidera à décrocher des pensées incessantes qui vous empêchent de bien écouter les autres.

Juste avant la rencontre à votre rendez-vous, prenez quelques minutes pour respirer profondément.

– Inspirez durant trois secondes.
– Retenez votre souffle pendant trois secondes.
– Expirez lentement l'air de vos poumons durant 10 secondes.
– Répétez cet exercice 10 fois consécutives et vous serez surpris de constater à quel point vous êtes détendu.

Il vous faudra moins de deux minutes en tout. Invoquer le manque de temps pour ne pas le faire est vraiment un gros mensonge ! Si vous n'êtes pas convaincu des bienfaits de cet exercice, sachez qu'il aide aussi à éliminer toutes les inquiétudes qui occupaient votre espace mental quelques minutes auparavant. La plupart des gens sont incapables d'être totalement présents à l'autre à cause du fardeau de préoccupations qui pèse constamment sur eux. Ils ne réussissent pas à se concentrer et à maintenir leur attention sur l'autre, à garder un esprit clair, libre de préjugés. Ils sont donc sujets à commettre plus d'erreurs de jugement quand ils écoutent les autres, car leurs observations sont biaisées. Prenons l'exemple d'un homme qui vient tout juste de se quereller avec son épouse. S'il ne se recentre pas sur lui-même avant une réunion importante, sa colère le suivra et il risque de réagir négativement envers ses collègues. S'il élimine la fureur de son esprit et de son cœur avant la rencontre de travail, il sera présent et ouvert aux autres.

Avant de poursuivre la lecture, essayez cette technique. Une fois habitué, vous pourrez y recourir aisément quand vous voudrez mieux comprendre votre interlocuteur. Si vous fermez les yeux durant cet exercice de respiration, vous éliminerez 80 % des stimulations externes qui proviennent du sens de la vue. Cela favorise d'autant plus la détente et la centration.

Arrêtez, regardez, écoutez

Vous souvenez-vous des consignes que l'on nous donnait pour nous apprendre à traverser la rue lorsque nous étions enfants ? Il fallait d'abord nous arrêter au bord du trottoir, puis regarder à gauche, à droite et encore à gauche. Ensuite, nous devions écouter les bruits de moteur qui se rapprochaient. Alors seulement, nous pouvions traverser. Ignorer ces consignes pouvait nous occasionner des blessures graves, voire mettre notre vie en danger. Dans les relations humaines, nous encourons également le risque de blessures, émotives celles-là, si nous n'appliquons pas les mêmes règles : nous arrêter, regarder, écouter. Les mettre en pratique nous éviterait bien des souffrances et des tracas. C'est ce que préconisent Lillian Glass et Jo-Ellan Dimitrius. L'exercice qui suit vous habituera à décoder ce que vous disent les personnes de votre entourage.

Exercice de la traversée

Il ne s'agit plus de traverser une rue, mais bel et bien de traverser le mur des apparences pour mieux voir et entendre la vérité de l'interlocuteur.

La prochaine fois que vous arriverez devant une personne que vous souhaitez mieux comprendre, dites-vous « Stop » mentalement.

– Saluez-la ou dites quelque chose de simple (pensez « météo », par exemple !) et prenez un moment pour vous préparer.

– Inspirez par la bouche durant deux secondes.

– Retenez votre souffle durant deux secondes.

– Quand vous expirez, imaginez que vous rejetez tous les préjugés qui vous animent envers cette personne, positifs et négatifs. De la sorte, vous aurez plus de chances de la voir telle qu'elle est plutôt que telle que vous croyez qu'elle est. Nous percevons souvent nos proches avec dix ans de retard à cause de nos idées préconçues.

– En poursuivant l'exercice de respiration, commencez à vous imprégner d'informations visuelles.

– Continuez la technique respiratoire si vous en êtes capable. Sinon, concentrez-vous seulement sur ce que vous voyez : la posture de votre interlocuteur, la position de son corps, ses bras, ses mains et son visage.

– Puis écoutez bien ce qu'il vous dit. Soyez attentif à son ton de voix. Tout cela s'effectue en moins de 30 secondes. Vous venez de traverser le mur de l'apparence d'autrui.

Ce que l'on est parle plus fort que ce que l'on dit. Tout en continuant de respirer par la bouche, demandez-vous ce que vous ressentez pour cette personne. Vous sentez-vous bien ou mal à l'aise en sa présence ? En lisant les prochains chapitres, vous découvrirez pourquoi certaines personnes vous mettent mal à l'aise : leur langage non verbal dément souvent leurs propos. Votre inconscient détecte l'incohérence et vous en avertit. Elles ne mentent peut-être pas, mais elles ne sont sans doute ni transparentes ni ouvertes.

Ne vous inquiétez pas de l'air que vous avez quand vous vous mettez à l'écoute d'une personne. À moins d'être très observatrice, elle ne s'apercevra de rien. Si elle vous fait un commentaire, avouez la vérité : « Je regarde attentivement ce que vous exprimez et j'écoute vraiment ce que vous me dites. » Elle sera ravie de capter toute votre attention. C'est si rare ! Et évitez de vous vanter de savoir détecter les menteurs ! Vous mettrez votre interlocuteur sur la défensive et installerez un climat de méfiance. Ne rien dire de votre nouvelle habileté n'est pas tout à fait un mensonge par omission. Chacun a droit à son jardin secret…

Tenez compte du contexte

Le contexte dans lequel a lieu la conversation influence forcément son déroulement. L'environnement a un impact non négligeable sur les interactions humaines. Le décodage de la communication ne doit pas s'effectuer de manière morcelée, mais il faut tenir compte de tous les codes. Trop souvent, un geste est mal interprété, car il est interprété hors contexte.

L'environnement

Les circonstances et le lieu ambiant importent beaucoup. Tout le monde est nerveux dans un environnement hostile. Jo-Ellan Dimitrius, dont le travail, aux États-Unis, consiste à sélectionner de futurs jurés pour des procès, admet qu'elle est très consciente du fait que la cour constitue un environnement hostile. En conséquence, toutes les personnes interrogées dans ce milieu émettent des signes de nervosité qui peuvent facilement être confondus avec des signes de mensonge. Elle doit donc faire appel à d'autres techniques pour distinguer la nervosité de la malhonnêteté. ***Dans le domaine de la communication non verbale, analyser un geste hors contexte est l'erreur la plus fréquemment commise par les débutants.*** Évitez donc de tenir une conversation importante dans un endroit bruyant où vous pouvez être interrompu. Trouvez un endroit calme et prenez le temps de vous relaxer pour vous préparer à la rencontre.

Le contexte du décodage

Un geste corporel doit être situé dans son contexte. C'est le principe du grand angle, en synergologie : on doit observer le corps dans son entier et ne pas se concentrer seulement sur une de ses parties. Par exemple, agiter le pied est habituellement un signe de nervosité. Mais si une femme vient de se faire les ongles d'orteils, le geste aura pour seul but de faire sécher le vernis plus rapidement !

Dans son livre, Allan Pease donne un exemple de geste qui peut signifier le mensonge autant que l'incertitude : la main devant la bouche. Après un séminaire durant lequel les échanges entre les participants avaient été filmés, il y eut projection de la bande vidéo. L'attitude de l'un des interviewés paraissait franche et ouverte. En réponse à une question, il a mis sa main devant sa bouche. Pease, qui animait le séminaire, lui a demandé la raison de son geste. L'homme a admis qu'il réfléchissait car il hésitait entre deux réponses. Hors contexte, son geste aurait pu paraître fait pour dissimuler un mensonge. Or, le reste de son corps exprimait l'ouverture et l'honnêteté.

Votre sœur qui se croise les bras peut le faire parce qu'elle est fâchée, sur la défensive, nerveuse ou parce qu'elle a froid. C'est le contexte qui le dira. Si vous vous souvenez du principe du grand angle, vous regarderez aussi son visage, ses jambes, son torse afin de comprendre son état. Vous penserez aussi à noter le contexte ambiant. Si la pièce est froide, inutile de lui demander si elle fâchée ou si elle a quelque chose à cacher !

Les sept règles de Walters

Quand vous aurez pratiqué l'exercice de la traversée à quelques reprises, vous serez en mesure de mieux décoder ce que les autres vous disent car vous saurez quoi regarder. Plusieurs livres abordent la manière de détecter les mensonges, mais il faut être prudent car certains auteurs simplifient à outrance la façon de procéder, ce qui entraîne des faux pas[24]. Pour éviter de trébucher et d'accuser faussement un proche de mentir, assurez-vous d'avoir bien assimilé les règles de Stan B. Walters, auteur et expert américain en la matière. Walters propose de suivre sept règles. Certains auteurs abordent quelques-unes de ces règles sous d'autres noms. C'est ce que nous allons voir afin de mettre un peu d'ordre dans ce sujet.

La constance

Étant donné qu'aucun signal ne permet en lui-même de déterminer si quelqu'un ment, on ne peut pas détecter un mensonge sans avoir identifié au préalable le comportement normal d'une personne. Chacun possède son répertoire de mots et de gestes. Certaines personnes gesticulent beaucoup en tout temps. Leur constante est de gesticuler. D'autres bougent moins. Dans leur cas, la gesticulation aura son importance, car elle s'écarte de leur comportement habituel. La constance est l'étalon à partir duquel il est possible de déterminer ce qui déroge du comportement habituel. Quand nous mentons, nous sommes plus ou moins différents de ce que nous sommes lorsque nous disons la vérité. Les différences peuvent être tellement subtiles qu'un étranger les remarquera

24. C'est le cas du livre de Milton Cameron, *Les gestes et les attitudes qui parlent,* Montréal, Les Éditions Quebecor, 2002 (traduit de l'américain).

à peine. Mais la personne qui connaît la constance de nos comportements et nous observe attentivement verra que quelque chose cloche. C'est la raison pour laquelle un enfant peut difficilement mentir à sa mère. Elle connaît si bien sa manière de communiquer que tout changement lui met la puce à l'oreille. Pour établir la façon de se comporter d'une personne, il faut l'observer. Faites-la parler de ce qui l'intéresse et regardez comment elle manifeste son intérêt. Au début, submergé de signaux, vous risquez de ne plus savoir où donner de la tête.

Jo-Ellan Dimitrius, parle de *patterns*, plutôt que de constance. Elle affirme que personne n'est parfaitement constant, mais que des modèles émergent malgré les variations de comportement. Son truc consiste à trouver les traits saillants d'une personne. Qu'est-ce qui ressort de sa manière de s'exprimer ? Comment décririez-vous cette personne ? Qu'est-ce qui est remarquable chez elle ? Son sourire nerveux ? Ses haussements d'épaules fréquents ? Sa tendance à détourner le regard ? Faites-vous une première impression à partir de ce que vous observez.

Prenez garde, cependant, à ce que l'on appelle l'« effet de primauté » en psychologie sociale. Cet effet consiste à rester sur notre première impression même si des faits contraires surviennent par la suite : si notre première impression concernant une voisine est qu'elle est honnête, nous risquons de ne percevoir aucun symptôme de mensonge par la suite.

Philippe Turchet, auteur de *La synergologie*, préconise quant à lui de noter d'abord les gestes d'ouverture ou de fermeture de la personne. C'est une bonne façon de savoir si la personne a envie ou non d'être en votre compagnie, si elle est intéressée à la conversation ou si elle s'ennuie. Nous en parlerons davantage dans le chapitre suivant qui porte sur le langage corporel.

Les changements

Dans le flux d'une communication normale et ouverte, tous les signaux verbaux et non verbaux sont en accord. Toute tentative pour déguiser, masquer ou falsifier les émotions ressenties déséquilibre le système et rompt l'harmonie de la communication. Une fois que vous avez défini la constante de la personne avec qui vous discutez, observez ce qui change. Un nouveau trait apparaît-il ? Un comportement constant cesse-t-il brusquement ? Une personne peu loquace peut, par exemple, se faire volubile en réponse à l'une de vos questions. Celle qui gesticule sans cesse peut au contraire cesser complètement de bouger. Ces changements sont généralement significatifs. Des changements notables dans le ton de voix, les mouvements faciaux ou les gestes signalent des changements sur le plan des pensées ou celui des émotions, de la même façon que les voyants lumineux d'un tableau de bord indiquent le niveau d'essence, la température du moteur, etc.

Ce qui importe, c'est d'être attentif aux paroles qui précèdent les changements. Le corps met trois à cinq secondes avant de réagir à un stimulus, telle une question ou une remarque. Le changement constitue une réaction à ce qui est dit. Si vous observez une modification faciale sans établir le lien avec les paroles qui l'ont précédée, vous ne pourrez pas interpréter adéquatement le changement. D'où l'importance d'être totalement présent à l'échange. Appliquez la règle de la simultanéité préconisée par Philippe Turchet. Il s'agit de lire le message inconscient au moment même où il se produit : « Il convient donc **de décoder ce que nous voyons dans l'immédiateté**[25]**.** » Ce n'est pas facile. Avec de la patience, vous y arriverez. Exercez-vous en observant les films qui mettent en scène des menteurs. Écoutez le film une première fois, puis repassez-le sans mettre le son en vous concentrant sur le langage non verbal. Faites souvent

25. Turchet, Philippe, *La synergologie,* Montréal, Les Éditions de l'Homme, 2000, p. 42. Dans cette citation et les suivantes, les caractères gras sont de l'auteur cité.

l'exercice de la traversée si vous voulez vraiment apprendre à déchiffrer ce que les autres vous disent et à détecter leurs incohérences.

Les grappes de comportements

La communication humaine est une interaction complexe de comportements, verbaux et non verbaux, chacun constituant une réponse à des stimuli internes et externes, que ce soit des pensées et des émotions, dans le premier cas, ou des questions et des réactions d'autrui, dans le second. Au lieu de vous concentrer sur un comportement particulier, tel que l'évitement du regard, cherchez à regrouper les comportements.

Chaque personne possède un répertoire de comportements différents suivant qu'elle est stressée ou calme, qu'elle dit la vérité ou ment. Aucun geste spécifique ne caractérise le mensonge. Ce serait trop simple ! Les symptômes qui trahissent le mensonge chez l'un peuvent ne jamais apparaître chez un autre.

Pendant que vous êtes concentré sur le regard de la personne que vous soupçonnez de mentir, vous ne remarquez pas ses mains qui gesticulent au moment où elle vous fixe. Évitez le piège qui consiste à poser un diagnostic d'honnêteté en vous basant sur un comportement unique même s'il est supposé prouver la franchise. Rien n'est absolu dans les comportements humains.

Tentez de repérer les grappes de comportements. La clé consiste à identifier plusieurs traits qui pointent dans la même direction. Vous pourrez alors conclure que vous êtes sur la bonne voie, avec peu de risque de vous tromper. Ne commettez pas l'erreur fréquente à cette étape : cesser de récolter de l'information parce que l'on pense avoir identifié un regroupement significatif.

La consistance dans le temps

Une réaction consistante à propos d'un sujet spécifique peut être un indicateur significatif de tromperie et de mensonge. Les grappes de comportements que vous avez observées apparaissent-elles de façon consistante, c'est-à-dire chaque fois que le sujet délicat est abordé ? Si des changements dans la constance surviennent par grappes quand vous abordez un sujet (la raison du retard de votre conjoint, par exemple), les probabilités sont fortes pour qu'il ne soit pas franc et vous mente. Mais ce n'est pas encore garanti. En prenant la consistance en considération, vous éliminez la possibilité que les réactions soient aléatoires. Sur une certaine période de temps, un menteur tend à réagir toujours vivement au sujet sensible. Il n'est pas utile que les mêmes changements se produisent chez lui de façon régulière. Il suffit que des changements se produisent chaque fois que vous revenez au sujet délicat à propos duquel vous le soupçonnez de mentir, et qu'ils apparaissent par grappes. Par exemple : une agitation, un détournement du regard et un grattement de nez. Si cela se produit, passez à un sujet neutre, puis revenez au sujet chaud en observant attentivement ce qui se produit. Si les mêmes changements se produisent à nouveau et conjointement, ou s'il y a apparition d'une autre grappe de comportements, il y a de fortes chances pour que votre interlocuteur vous mente. Mais ne l'accusez pas ! Attendez encore un peu...

Les idées préconçues

Si vous voulez utiliser les techniques de détection du mensonge avec efficacité et rigueur, abordez les conversations avec un esprit ouvert. Les observations que vous ferez sur la base de vos préconceptions et de vos préjugés ne seront ni valables ni fiables. Croyez-vous que votre partenaire vous a menti avant même qu'il ouvre la bouche ? Dans ce cas, vous êtes comme un juge qui condamne sans procès. Si vos idées préconçues vous font croire que l'autre a menti, vous ne remarquerez que les gestes qui confirment votre croyance et cela renforcera vos doutes et vous rendra encore plus suspicieux. C'est ce que les psychologues appellent l'écoute sélective. Ce type d'écoute explique pourquoi il nous est si difficile de modifier nos idées et nos comportements, nos adhésions politiques et nos valeurs : nous filtrons tout ce qui va à l'encontre de nos croyances et restons fermement campés sur nos positions.

Si votre partenaire affiche des symptômes de mensonge, soyez très prudent afin d'éviter que des idées préconçues biaisent vos observations et faussent vos conclusions. Quand une relation est en jeu, vous devez agir avec précaution. Une relation basée sur la méfiance devient vite dysfonctionnelle. N'oubliez pas que la confiance est la règle non écrite des relations intimes et personnelles. Pour les relations sociales, c'est moins vital. De plus, il n'y a rien de pire que se faire faussement accuser. Vous en avez certainement déjà fait l'expérience… Pourquoi faire aux autres ce que vous détestez qu'on vous fasse ?

La préconception joue aussi dans l'autre sens : si vous êtes convaincu que votre partenaire est franc et ne ment pas, vous ne verrez jamais venir le mensonge.

La contamination

Quand vous parlez avec quelqu'un, vous constituez un stimulus pour cette personne. Certains de vos comportements et de vos réactions peuvent affecter ses comportements. Il importe donc d'être conscient de soi, d'apprendre à se connaître pour savoir ce que l'on dégage afin de mesurer ce que l'on peut induire chez l'autre.

N'oubliez pas que la façon dont vous agissez a un impact sur la situation observée. Si vous observez des changements qui se manifestent de manière regroupée, demandez-vous si votre interlocuteur réagit à la conversation ou à votre propre comportement. Si vous êtes agressif, sceptique ou condescendant parce que vous soupçonnez votre enfant de vous mentir, il est certain que sa réponse reflétera autant votre attitude que ses émotions envers le sujet abordé.

Une drôle d'histoire...

Monsieur Walters avait offert une bouteille de parfum onéreuse à son épouse. Un jour qu'il était en voyage d'affaires, elle s'est aperçue que la bouteille était à moitié vide. Elle s'est demandé qui pouvait avoir utilisé son parfum de la sorte. Le chat passait par là : il empestait le parfum ! Madame Walters a voulu connaître le coupable. Ayant éliminé son mari parce qu'il était en voyage, elle a convoqué ses filles et leur a demandé qui avait parfumé le chat. Toutes les deux ont soutenu qu'elles ignoraient tout de l'incident. La mère a insisté en disant qu'une des deux mentait. Les filles ont persisté à nier. Madame Walters a alors dit qu'elle leur donnerait à chacune une fessée si la coupable ne se livrait pas. La plus jeune a alors avoué le « crime ». Elle a écopé de deux semaines de réclusion dans sa chambre avec interdiction de regarder la télévision et de jouir de quelque autre privilège. Quelques jours après l'investigation, l'aînée a fait un commentaire et la mère a soudain réalisé que c'était elle la coupable. Confrontée par sa mère, elle a admis qu'elle avait aspergé le chat pour le plaisir. Madame Walters est partie chercher la plus jeune dans sa chambre et lui a demandé pourquoi elle avait menti. La petite a répliqué : « Je préfère être privée de sortie que de recevoir une fessée. » Abasourdie, la mère a demandé à l'aînée pourquoi elle avait laissé sa jeune sœur se faire punir à sa place. Cette dernière a répliqué : « Si elle est assez stupide pour confesser ce que j'ai fait, c'est sa faute. » Le cas de la cadette est clair : sa réaction a été « contaminée » par l'approche inefficace que Madame Walters avait choisie pour les faire parler.

La contre-vérification

Avant de tirer une conclusion, il est nécessaire de réviser vos observations et de contre-vérifier vos données. L'erreur fatale consiste à accuser faussement l'un de vos proches. Rien n'est plus destructeur pour une relation que de manquer de confiance en l'autre sans raison, de porter un jugement erroné sur son honnêteté. Plutôt que d'accuser un proche de mentir à tort, assurez-vous de repérer ses incohérences pour savoir à quoi vous en tenir. C'est la contre-vérification : après l'échange, prenez des notes sur la conversation que vous venez d'avoir aussitôt que possible. Ne prenez jamais de notes durant l'entretien, car non seulement l'autre peut se sentir insulté et ne plus vous écouter, mais vous risquez de contaminer gravement l'échange. Qui plus est, vous ne pourrez pas observer et noter en même temps. Posez-vous les questions suivantes après l'échange.

Test de contre-vérification

1. Quel est le comportement le plus constant de mon interlocuteur ?
2. Quels changements ai-je observés chez lui ?
3. Quels changements consistants sont-ils apparus conjointement, faisant dévier mon interlocuteur de sa constance habituelle ?
4. Ai-je pu contaminer ses réponses ? Comment ?
5. Avais-je des idées préconçues ? Ai-je été capable de mettre de côté mes soupçons pour lui laisser le bénéfice du doute pendant mon observation ?
6. S'agit-il d'une situation dans laquelle je préférerais entendre un mensonge plutôt que la vérité ?
7. Quels motifs me poussent à vouloir savoir s'il est honnête ?
8. Quels sont les enjeux ?
9. Si mes soupçons s'avèrent fondés, qu'est-ce que je risque de perdre ?
10. Que vais-je faire si je découvre qu'il m'a menti ?

Le vrai test n'est pas d'avoir détecté un mensonge, mais de savoir si vous pouvez vivre avec la vérité ! Si vous avez découvert que l'autre vous ment, prenez une décision et passez à l'action. Déciderez-vous de ne plus compter sur lui ? Le ferez-vous passer aux aveux ? C'est risqué, car personne n'aime être accusé de mentir. Il y a cependant des situations extrêmes où l'autre ne nous laisse pratiquement pas le choix.

Après avoir contre-vérifié vos premières observations, donnez encore à l'autre le bénéfice du doute si vous demeurez incertain.

Prenez une décision

Votre capacité à détecter les mensonges des autres, à voir clair en eux, est la base pour les comprendre et prédire leur comportement. Mais pour cela, vous devez être dans un état d'esprit ouvert. L'engagement émotif, la peur, le sentiment de manque, et l'attitude défensive nuisent à une bonne « lecture » de l'autre. Il vous faudra donc être patient avant de prendre une décision, sauf dans les situations d'urgence où la rapidité avec laquelle vous agirez est susceptible de vous épargner des blessures et peut même vous sauver la vie.

La qualité de vos décisions dépend de la qualité des informations que vous aurez recueillies. Plus les informations sont nombreuses et fiables, plus vos décisions seront justes. Une fois que vous avez déterminé que votre enfant, votre conjoint, votre collègue ou votre garagiste vous ment, décidez de la manière dont vous agirez. ***Il faut à tout prix éviter de vous vanter de savoir détecter les mensonges.*** Agir ainsi est la meilleure façon de rendre les autres suspicieux et ne fait que les inciter à vous mentir autrement. Si vous pointez les gestes qui les ont trahis, ils éviteront de les faire à l'avenir. En plus, vous instaurez un climat de méfiance, nuisible aux relations saines.

Votre intuition est votre meilleur radar !

Une croyance répandue veut que l'intuition relève de l'ordre du paranormal. Or, plusieurs spécialistes de la communication non verbale s'entendent pour dire que tout le monde a de l'intuition et peut s'en servir au même titre que de ses cinq sens. Loin d'être un pouvoir réservé à quelques-uns, l'intuition serait une partie de l'équipement mental que bien des gens ne comprennent pas vraiment. Quand on comprend le merveilleux radar qu'est l'intuition, on peut l'utiliser plus souvent et plus efficacement. Tous les jours, de manière plus ou moins inconsciente, nous emmagasinons des milliers d'informations. Notre esprit est un as pour les classer, les catégoriser et nous en sélectionner une au besoin. L'intuition se base souvent sur un recoupement d'informations nouvelles et anciennes, la résurgence d'une façon de faire qui nous met la puce à l'oreille. Selon Dimitrius, ***ce sont la curiosité, le focus, l'observation et la déduction qui mènent à l'intuition.***

Quand nous ressentons comme négatif ce qui émane de l'autre, ou que notre corps nous donne des signes d'inconfort, nous nous demandons rarement pourquoi. Si, de surcroît, la petite voix qui est en nous nous avertit que quelque chose sonne faux ou ne tourne pas rond, elle a probablement raison. Écoutez-la ! Quand votre corps a une réaction viscérale, ne l'ignorez pas. Portez-lui attention. Il existe des gens toxiques pour lesquels mentir est une seconde nature, et votre corps le sent. Il cherche à vous avertir afin de vous protéger. Il est votre allié. Au lieu de mettre vos malaises sur le compte d'une mauvaise digestion ou de tout autre prétexte, gardez à l'esprit qu'il est possible que votre corps s'exprime à sa manière.

Il nous arrive toutefois de tomber dans le piège qui consiste à écouter notre intuition sans discernement. Nous la laissons alors nous dicter nos actions sans nous demander pourquoi elle nous dit cela. Bien entendu, c'est ce qui est le plus sage en situation de danger. Mais dans la vie ordinaire, il importe de rester attentif à ce que nous dit notre intuition avant d'agir. Tenir compte des pensées secondes qui surviennent après ce que nous croyons être une bonne intuition, peut faire la différence entre une opportunité ratée et une décision inspirée. Imaginez que vous rencontriez un étranger qui ne vous dit rien qui vaille. Au lieu de le fuir, vous faites une pause pour laisser travailler votre intuition. Vous découvrez alors qu'il vous rappelle un ancien collègue irrespectueux. Connaissant la cause de votre malaise, vous pouvez retourner parler à cet étranger. Qui sait, il pourrait s'avérer un allié précieux et respectueux.

Décodez votre malaise physique

Il vous est sûrement déjà arrivé d'avoir l'intuition que quelqu'un mentait sans que vous sachiez pourquoi. La plupart des gens ne font pas confiance au serrement au creux de l'estomac ou aux autres symptômes d'alarme qui les avertissent que quelque chose ne va pas. Pourquoi nous tenons-nous détachés de notre intuition ? Par peur d'être blessés sur le plan émotionnel. Quand nous regardons les choses en face, nous savons que la voisine ne nous apprécie pas même si elle nous salue, que l'amie camoufle sa jalousie ou que le partenaire qui nous désire ne nous aime pas vraiment. Et cela nous fait mal. Nous préférons souvent engourdir nos émotions pour ne pas ressentir la douleur du rejet. Et nous en venons à ne plus réagir quand les autres nous mentent.

Quand vous aurez une décision à prendre — engager un employé, par exemple, ou fréquenter une personne — fiez-vous aux sensations de votre corps, comme le préconise Deepak Chopra : « Le corps connaît deux types de sensations : le bien-être et le malaise. Alors, lorsque vous effectuez un choix, écoutez votre corps. Demandez-lui : "Si je prends cette décision, que se passera-t-il ?" S'il vous envoie un message de malaise, votre choix n'est pas le bon[26]. » Si vous voulez comprendre les raisons pour lesquelles votre intuition vous avertit, continuez de lire ce livre. Il vous aidera à décrypter chacun des quatre éléments de la communication humaine ainsi que leurs codes : le corps, le visage, la voix et les paroles.

---

26. *Les sept lois spirituelles du succès*, Paris, J'ai lu, 1995, p. 48.

Chapitre 4

Code corporel : le corps ne ment pas

Le seul langage sincère est celui de notre corps.

ALLAN PEASE

Avez-vous parfois l'impression que les mots sont un corset trop serré pour exprimer ce que vous ressentez ? Dans ces moments-là, n'est-ce pas votre corps qui a pris le relais ? Des gestes d'exaspération ont remplacé les aveux d'impuissance. Des caresses ont exprimé toute votre tendresse. L'esquisse de pas de danse et un saut d'allégresse ont su crier votre gratitude. Plus que les mots appris, le corps est notre outil de base pour révéler nos pensées et nos émotions. Depuis la prime enfance, nous sommes socialisés afin de nous comporter « correctement ». Pour plaire à notre entourage et éviter la désapprobation, nous avons tous appris à déformer notre pensée, à déguiser nos émotions, à mentir. Mais le corps ne ment pas et déchiffrer son langage permet de détecter les paroles mensongères qui contredisent les gestes.

Dans ce chapitre, après avoir exposé les rudiments du langage corporel, nous explorerons le sens de différents gestes en commençant par ceux des pieds et des jambes, les plus fiables. Nous remonterons ensuite jusqu'aux épaules en passant par le torse, les mains et les bras. La tête et le visage seront abordés dans le prochain chapitre. Nous finirons notre exploration en nous arrêtant au langage du corps qui trahit l'attraction et l'amour. Auparavant, vous pouvez passer le test suivant pour voir si vous avez une bonne conscience du langage corporel de vos proches.

Test : Êtes-vous attentif au langage du corps ?

Rappelez-vous une conversation récente et tentez de vous souvenir du langage corporel de votre interlocuteur : ami, conjoint, enfant ou collègue. Vous pouvez refaire l'exercice en pensant à une autre personne avec qui vous avez conversé dernièrement. Répondez sur une feuille à chaque question par « Oui », « Non » ou « Je ne sais pas ».

1. La personne s'incline-t-elle vers vous, lorsqu'elle parle ou écoute ?
2. S'écarte-t-elle de vous lorsqu'elle parle ou écoute ?
3. Garde-t-elle les bras croisés ?
4. Bouge-t-elle au point de ne pas tenir en place ?
5. Se balance-t-elle d'avant en arrière ?
6. Tape-t-elle du bout du pied ?
7. Tapote-t-elle du bout des doigts ?
8. Copie-t-elle votre langage corporel ?
9. Demeure-t-elle presque immobile ?
10. S'il est assis, s'effondre-t-il sur sa chaise ?
11. Ses jambes sont-elles étendues, très écartées ?
12. Détourne-t-elle la tête et le corps lorsqu'elle vous parle ?
13. Ses épaules sont-elles parallèles aux vôtres si vous êtes face à face ?
14. Ses deux pieds reposent-ils sur le sol ?
15. Se tient-elle sur un pied ?
16. A-t-il au moins un pied renversé sur le côté ?
17. Son col ou sa cravate sont-ils défaits ?
18. Transpire-t-elle beaucoup ?
19. Hausse-t-elle les épaules ?
20. Fait-elle de grands gestes ?
21. A-t-elle tendance à se toucher lorsqu'elle parle ?
22. A-t-elle tendance à dissimuler ses mains lorsqu'elle parle ?

23. Tient-elle les poings fermés ?
24. Tient-elle les mains pliées ?
25. Expose-t-elle ses paumes ?
26. Joue-t-elle avec ses bijoux ou ses cheveux ?
27. Se tourne-t-elle les pouces, fait-elle des mouvements répétitifs des mains ?
28. Les pieds vous font-ils face lorsque la personne est assise ou debout ?
29. Croise-t-elle les chevilles lorsqu'elle est assise ?
30. Croise-t-elle les jambes ?

Plus vous avez répondu « Oui » et « Non », plus vous êtes conscient des gestes corporels d'autrui. Plus vous avez ignoré de réponses, moins vous y êtes attentif. Refaites l'exercice après votre prochaine conversation. Votre score s'améliorera car vous saurez quoi regarder.

Après avoir lu ce chapitre, vous comprendrez ce que chacun de ces gestes veut dire. Vous saurez décoder le langage corporel des personnes de votre entourage.

L'abc du langage corporel

Le corps ne ment pas, certes, mais un menteur professionnel peut apprendre à contrôler son corps, rendant ainsi ses mensonges plus difficiles à détecter. Toutefois, il est impossible à quiconque de contrôler toutes les parties de son corps. Quand on est malhonnête, les gestes et comportements se fragmentent. Au lieu de former un tout harmonieux, à l'instar d'une composition musicale jouée par un quatuor, la communication laisse entendre des fausses notes. C'est ce qui signale à l'observateur attentif que quelque chose ne va pas.

Desmond Morris, un éthologue qui a écrit plusieurs ouvrages sur la communication animale et humaine dans les années 1960 et 1970, considère que les automatismes corporels sont les plus fiables pour accéder aux sentiments d'une personne. La transpiration, le rougissement et la respiration sont en effet indépendants de notre volonté. Or, mentir fait transpirer et donne des démangeaisons, d'après lui.

Selon le synergologue Philippe Turchet, les microdémangeaisons expriment soit le désaccord, soit le désir, dans les cas où il existe un antagonisme entre ce qui est dit avec les mots et ce qui est exprimé avec le corps. Si vous constatez que l'homme qui vous parle dénoue sa cravate alors qu'il fait frais, c'est peut-être qu'il a besoin de se gratter parce qu'il ment ! Pensez-y, sans pour autant devenir paranoïaque, et prenez mentalement note de ce qu'il dit au moment où il défait sa cravate et desserre son col. Il peut aussi se sentir mal à l'aise sans pour autant mentir, ou il se peut que son col de chemise soit un tantinet trop serré. N'oubliez pas le contexte !

Morris a classé les codes verbaux et non verbaux selon une échelle de fiabilité. Les parties les plus éloignées du visage échappent à notre regard et à notre conscience. Elles sont donc les moins contrôlables. Par conséquent, de toutes les parties du corps, les pieds et les jambes sont les plus francs. Les mouvements du torse suivent, puis les gesticulations diverses, et les gestes des mains, plus faciles à contrôler, ou du moins à dissimuler. Les expressions faciales peuvent être plus facilement simulées. Les paroles sont les moins fiables… L'échelle de Morris omet d'inclure la voix, qui devrait être placée entre le visage et les paroles. Dans le prolongement des mains, j'ajouterais également les bras et les épaules. Bien que ces dernières soient plus près du visage, on ne les voit pas et elles sont donc plus fiables que les mains que l'on peut voir. Je propose donc l'échelle suivante :

Échelle de fiabilité des registres d'expressions corporelles classés par ordre décroissant

Automatismes corporels
Mouvements des pieds et des jambes
Mouvements du torse
Mouvements des épaules, des bras et des mains
Expressions faciales
Voix
Paroles

Nous avons tous appris à masquer la malhonnêteté et d'autres traits indésirables comme la mauvaise humeur et la tristesse. Chez certaines personnes réservées, le langage du corps est seul à révéler des émotions négatives. En société, on s'attend à ce que vous gardiez pour vous ou pour vos proches l'expression de vos sentiments véritables. Vous en doutez ? La prochaine fois qu'un voisin vous demandera comment vous allez, répondez que ça ne va pas et soyez attentif à sa réaction non verbale. À moins qu'il ne désire mieux vous connaître (peut-être même au sens biblique du terme !), vous noterez certainement des gestes de fermeture et de malaise. Même votre conjoint, vos enfants et vos amis vous cachent parfois leurs sentiments pour ne pas vous inquiéter. Le langage du corps révèle, lui, les émotions qu'éprouve la personne, ainsi que son caractère. Le corps nous trahit, car il ne ment pas : « La sincérité se voit mieux qu'elle ne s'entend », écrit Allan Pease[27].

Peu de gens filtrent leur langage corporel, même chez les menteurs habituels et professionnels. Ceux-ci, conscients de ce que leurs émotions peuvent s'exprimer par le biais de leur corps, agissent en conséquence. Ils s'abritent derrière un bureau pour vous parler afin de dissimuler leurs jambes et leurs pieds, qui persistent à rester francs. Ou bien ils vous mentent pendant qu'ils sont en train de s'affairer à autre chose : conduire, laver la vaisselle, coudre, réparer votre moteur s'il s'agit d'un mécanicien. En occupant leurs mains, ils évitent qu'elles ne les dénoncent. Les politiciens s'agrippent souvent à la table devant laquelle ils parlent afin de maîtriser leurs mains.

27. *Interpréter les gestes, les mimiques, les attitudes pour comprendre les autres... et ne pas se trahir*, Paris, Nathan, Marabout, 1988, p. 8.

LE POLYGRAPHE EST-IL UN BON DÉTECTEUR DE MENSONGE ?

Le polygraphe, communément appelé « détecteur de mensonge » enregistre quatre automatismes corporels pendant un interrogatoire : la pression artérielle, le rythme cardiaque, la respiration et la transpiration. Ces variations physiologiques trahissent une émotion qui peut être due au mensonge. Mais le détecteur de mensonge ne détecte pas les mensonges à proprement parler. Son taux de succès varie de 60 à 80 %, selon les sources. Et il peut facilement induire en erreur : « L'évocation d'un meurtre peut provoquer une réaction chez un innocent, et laisser de marbre un tueur en série[28][...] »

Près d'un million de tests au polygraphe sont administrés chaque année aux États-Unis. Les clients principaux sont les grandes entreprises, qui souhaitent s'assurer de la loyauté de leurs employés, le gouvernement, qui veut protéger les secrets scientifiques, et les policiers. Depuis ses débuts, dans les années 1920, la technique de détection fait appel à un mode d'interrogatoire déloyal pour intimider les suspects et forcer leurs aveux. On les convainc de l'efficacité du polygraphe, augmentant ainsi leur peur et la probabilité de leur faire admettre leurs méfaits. Le détecteur de mensonge reposerait donc sur l'effet placebo : « En résumé, le détecteur de mensonge est une technoscience éminemment paradoxale : elle ne fonctionne que dans la mesure où l'opinion publique a été convaincue qu'elle fonctionnait ; or, elle ne marche que si ses opérateurs mentent[29] ! »

Sachez sur quel pied danser

Parce qu'ils sont éloignés de notre champ de vision, nous avons moins conscience de nos pieds et de ceux de notre interlocu-

28. Bourdial, Isabelle, « Les nouveaux détecteurs de mensonge : ils savent lire dans nos pensées ! », *Science & Vie*, n° 1005, juin 2001, p. 65.
29. Alder, Ken, « Les tours et détours du détecteur de mensonge », *La Recherche* (hors série), n° 8, juillet 2002, p. 65.

teur. Pour cette raison, nous les contrôlons moins. Ils sont donc la partie du corps la plus franche. Les pieds reflètent vraiment l'état émotif et cognitif de la personne. Quand nous parlons, nous voyons surtout nos mains et nos bras. Nous regardons notre interlocuteur dans les yeux. Il nous arrive de nous arrêter à la bouche, voire de regarder notre interlocuteur de pied en cap s'il nous intéresse particulièrement, si nous éprouvons du désir, notamment. Nous ne voyons pas notre visage, mais puisque nous nous regardons tous les jours dans un miroir, il est présent à notre esprit et nous pouvons parvenir à le contrôler. Mais les pieds ? Qui pense à contenir les gestes de ses pieds ? Et à regarder ceux des autres ? Ils sont si riches en information, pourtant ! Les jambes également.

Le bas du corps ne ment pas quand il exprime l'intérêt, l'ennui, le désir de fuir ou de combattre, la retenue, l'ouverture, la fermeture de même que l'honnêteté, la malhonnêteté ou la cachotterie. Cela dit, dans la mesure où aucun geste ne suffit à dire que l'on ment à coup sûr, les jambes et les pieds agités ne trahissent pas nécessairement le mensonge. La personne peut simplement vouloir garder quelque chose pour elle ou retenir momentanément une information. Pensez à observer les grappes de comportements qui dévient de la constante. Regardez le bas du corps sans vous y restreindre.

« C'est le pied ! »

Notre pied pointe dans la direction de la personne qui nous intéresse. Dans un cocktail ou un lieu où des gens forment des cercles pour échanger debout, observez discrètement dans quelle direction pointent les pieds de chacun. Il nous arrive parfois de nous demander pourquoi une personne écoute sans rien dire au lieu d'aller ailleurs. C'est qu'inconsciemment, elle sait que les autres discutent pour l'intéresser : tous les pieds sont orientés dans sa direction !

Si un pied pointe vers la porte de sortie, c'est que la personne pense davantage à s'en aller qu'à rester. Elle aura beau acquiescer à ce que vous dites, hocher la tête en guise d'approbation, son pied est plus franc que ses paroles et sa tête. Remarquez si elle jette des coups d'œil furtifs à la porte. Il se peut aussi qu'elle ait hâte de voir quelqu'un arriver. Une question pourrait vous permettre d'en avoir le cœur net : « Vous attendez quelqu'un ? » Dans la négative, votre interlocuteur pourrait bien reconnaître qu'il est attendu ailleurs et qu'il craint d'être en retard. Mais vous vous en doutiez parce que son pied vous avait déjà informé de son intention de partir.

Des jambes qui trahissent l'ennui

L'étirement des jambes vers l'avant quand on est affalé sur une chaise est une façon d'exprimer corporellement l'ennui et le désintérêt. La personne n'appuie plus le bas de son dos contre le dossier, elle allonge ses jambes. Si, de plus, son regard est dans la lune, ne vous étonnez pas qu'elle se mette bientôt à bâiller ! Votre discours ne retient aucunement son intérêt, peu importe ce que ses mots vous disent. Si vous avez un adolescent taciturne, vous savez de quoi je veux parler ! Si, en outre, cette personne croise les bras, ferme les poings en cachant ses pouces, vous êtes devant une configuration qui indique qu'elle n'est pas ouverte. Elle retient de l'information. Elle vous ment peut-être. Ne vous laissez pas berner, mais ne devenez pas non plus trop méfiant. Vérifiez et contre-vérifiez de manière adroite et subtile. Et n'oubliez pas que la contamination est toujours possible. Dès que vous êtes condescendant ou agressif, votre interlocuteur se ferme comme une huître. Ce n'est pas qu'il ment, mais il se sent jugé.

Jambes et pieds fuyants

Les changements dans le langage du bas du corps sont liés aux réponses instinctives de fuite ou de combat. Les pieds et les jambes peuvent ainsi révéler le désir réprimé de fuir ou de combattre. Taper du pied est un signe de colère (désir de combattre) ou de grande impatience (désir de fuir). Si une personne est assise les jambes croisées, regardez ses pieds. Battent-ils une cadence ou ressemblent-ils à un piston qui s'active ? La personne a peut-être envie de partir, mais elle ne veut pas risquer de vous déplaire. Balancer son pied constitue une tentative de son corps pour dissiper le stress qui l'habite. Une augmentation de la vitesse d'agitation signifie que le stress, la colère ou l'impatience augmente. La prochaine fois que vous regarderez une émission de variétés à la télévision, du genre *talk-show*, observez bien les pieds. Aux États-Unis, un animateur connu avait l'habitude d'agiter son pied de haut en bas avec certains invités. Tout le reste de son corps était ouvert et calme. Seul son pied indiquait sa nervosité et sa hâte de passer à l'invité suivant.

Honnête ou malhonnête ?

Lillian Glass, experte en communication non verbale en lien avec la personnalité, a observé la position du bas du corps chez les gens francs. Leurs jambes sont posées sur le sol, genoux joints en direction de l'interlocuteur. Si la personne a les jambes croisées mais que ses genoux restent alignés, elle est franche. Cependant, si les genoux ne sont pas alignés l'un par-dessus l'autre, cela peut signifier que la personne manque de confiance en elle ou qu'elle ment. Cette position à elle seule ne traduit pas le mensonge, bien entendu. Cependant, si elle fait partie d'une grappe de gestes qui apparaissent avec consistance quand un sujet particulier est abordé, vous pouvez approfondir ledit sujet…

Quand une personne honnête est debout, ses pieds sont bien posés au sol et font face à l'interlocuteur. Si vous remarquez que c'est le cas, vous avez devant vous une personne qui est franche, ouverte et équilibrée au moment où vous lui parlez. Par contre, si le poids de la personne repose sur le côté du pied ou sur ses talons, cela vous indique que la personne est probablement malhonnête. Il est fort possible que cette personne vous mente ou dissimule son jeu, retienne des informations au moment où vous remarquez son geste.

Au restaurant

Durant l'été, je mangeais seule dans un restaurant grec et j'en ai profité pour observer le langage corporel des couples et des familles attablés autour de moi. J'ai constaté énormément de signes d'ennui et je trouvais cela triste que des gens entourés de leurs proches n'apprécient pas leur compagnie. J'ai remarqué un homme dont les deux pieds, sous la chaise, reposaient sur la face externe. Je n'avais jamais rien lu sur cette position particulière, mais je me suis souvenue que le pied honnête est en équilibre sur le sol. J'ai noté que les pieds de l'homme à côté de moi avaient exactement la même position. Puis, il a croisé ses chevilles tout en gardant ses pieds tournés sur le côté. Dans les deux cas, ces hommes faisaient face à leur conjointe et parlaient avec elle. Je n'ai pas porté attention à leurs propos, mais je me suis dit qu'ils n'étaient peut-être pas parfaitement honnêtes... J'ai tenté de reproduire la position de leurs pieds pour observer comment je me sentais. Étant donné que mes pieds ne se contorsionnent jamais de la sorte, ma posture était extrêmement inconfortable. La face externe de mes pieds s'étirait douloureusement. Je me suis dit que mes voisins de table éprouvaient probablement un inconfort et une tension qui se manifestaient dans leurs pieds. En tout cas, je n'aurais pas voulu être dans leurs souliers !

Les chevilles nouées : un signe de retenue

Les chevilles nouées indiquent que la personne tente de retenir l'information ou l'émotion qu'elle ne désire pas dévoiler. Quand les chevilles de la personne assise sont nouées sous la chaise, au centre, et que la personne montre d'autres signes de fermeture tels que les poings serrés ou la mâchoire crispée, vous pouvez en déduire qu'elle n'exprime pas ce qu'elle ressent. Selon Allan Pease, cette combinaison de gestes est l'équivalent de se mordre les lèvres pour cacher son émotion, surtout la peur ou la nervosité. Lors d'une entrevue pour un emploi, cette position exprime invariablement le trac. L'employeur a tout intérêt à inciter la personne interviewée à changer de position pour la mettre à l'aise. Un truc consiste à se lever et à s'avancer vers elle sous un prétexte quelconque de façon à l'inciter à modifier sa position. Montrez-lui une photo, par exemple.

Les femmes sont socialisées pour s'asseoir les genoux joints et les jambes de côté, chevilles nouées. Si c'est ce que vous observez, il s'agit probablement d'une femme qui a lu des manuels de savoir-vivre ou qui a été éduquée de cette façon afin de paraître élégante. Elle a de la retenue, et pour cette raison, elle s'empêche d'adopter une position plus naturelle et confortable. Son attitude ne traduit probablement rien de plus.

Ouverture et fermeture des jambes croisées

La direction des croisements de jambes est aussi très révélatrice. Une jambe croisée vers vous est un signe d'ouverture. Quand la personne à qui vous parlez décroise sa jambe pour la croiser dans l'autre sens, notez à quel moment ce changement survient. On peut toujours invoquer le besoin de favoriser la circulation sanguine, mais le moment du changement n'est pas anodin. Il indique une ouverture ou une fermeture selon que la jambe pointe vers vous ou dans la direction opposée.

Le cas fictif de l'homme rétif

Emma planifie un week end à la campagne avec son conjoint. Ils s'assoient sur le sofa pour en discuter. David croise sa jambe en direction d'Emma. Quand elle dit que le ménage devra être fait avant de partir et qu'il sera responsable de l'aspirateur, il décroise sa jambe et la croise à nouveau dans la direction opposée. Sa jambe indique qu'il n'est pas d'accord. Emma commence à faire valoir qu'elle en fait plus que lui : « Je te demande seulement de passer l'aspirateur », insiste-t-elle. David accepte, mais il commence à agiter sa jambe de haut en bas. C'est un signe d'impatience. Même s'il se dit d'accord, sa jambe révèle son opposition et sa hâte d'en finir. « N'oublie pas d'épousseter avant », lui rappelle-t-elle. David a décroisé sa jambe. Son pied pointe en direction de la porte. Il aimerait bien se défiler ! Mue par une intuition soudaine, Emma lui suggère : « Si tu n'as pas le temps, tu peux payer quelqu'un. » David cesse d'agiter son pied. L'immobilisme soudain d'un membre qui était agité est tout aussi significatif que son contraire. David se lève et plante ses pieds face à sa conjointe en s'exclamant gaiement : « Quelle bonne idée ! » Son corps est enfin en harmonie avec ses paroles. Il lui parle franchement...

Les flexions du torse

Vous avez sans doute déjà remarqué que votre torse se penche vers votre interlocuteur quand vous êtes intéressé par la conversation. À l'opposé, votre torse s'éloigne dès que le sujet vous captive moins. C'est un geste spontané qui est très révélateur. Quand je suis attablée avec une amie qui appuie son dos contre le dossier, je sais qu'elle éprouve une baisse d'intérêt pour mes propos. Je lui pose une question pour lui donner la parole ou je change de sujet, car je sais qu'elle commence à décrocher. Certaines personnes sont tellement imbues d'elles-mêmes qu'elles ne perçoivent aucun signal d'ennui chez autrui. Elles continuent à parler et parler tandis que nous faisons mine de les écouter, le torse bien calé contre le dossier, en retenant nos bâillements parce que nous sommes bien élevés.

Attention ! Le torse qui se penche vers l'autre n'est pas toujours un signe d'intérêt ou d'attraction. Dans certains cas, ce mouvement peut indiquer un désir de contrôle, de domination ou d'intimidation. Portez attention au ton de la voix, au regard, aux muscles du visage pour vous aider à discerner le contrôle et l'attraction. Quelles ont été les paroles prononcées juste avant l'inclinaison du torse ? Une personne qui veut que vous croyiez son mensonge pourra incliner son torse dans votre direction. Mais son geste ne comportera ni légèreté ni amour. Si vous sentez votre estomac se nouer ou votre gorge se serrer, restez sur vos gardes. Votre intuition vous avertit par un malaise physique.

Soyez attentif afin de capter d'autres symptômes qui surviennent au même moment.

Et si votre interlocuteur se balance légèrement d'avant en arrière pendant que vous lui parlez ? C'est la façon dont son corps exprime son ambivalence : il désire s'en aller, mais il a le souci de ne pas vous froisser. Entre les deux, son cœur balance — son corps aussi !

Drôles d'épaules

Nos épaules semblent être dotées d'une vie propre. Ne sont-elles pas drôles avec leurs roulements, leurs haussements et leurs affaissements ? Les épaules nuancent et encadrent certains mots comme des guillemets. Elles font parfois office de point d'exclamation ou d'interrogation. Épaule détournée de vous ? C'est un point final. Une épaule déplacée vient contredire un mot pourtant bien placé. Un léger roulement peut être l'aveu de bons sentiments.

Épaules mouvantes, épaules séduisantes, épaules compromettantes. À ceux qui les regardent, les épaules révèlent beaucoup : implication, rejet, doute, attraction, évasion, dépression[30]. Ne restez pas de glace devant ces drôles d'épaules qui font sourire ceux qui savent les regarder.

Épaules franches

Observez si les épaules de votre interlocuteur sont parallèles aux vôtres quand vous lui parlez face à face. Si oui, un échange décent d'informations a lieu entre vous. Vous vous impliquez tous les deux émotionnellement et mentalement dans la discussion. Dès qu'au moins une épaule se détourne de vous, la personne a des réserves qu'elle n'ose pas exprimer verbalement.

30. Pas au sens pathologique, mais au sens de « déprime passagère ».

Roulement d'épaules

Si les épaules de votre interlocuteur se tournent ou roulent dans la direction opposée, cela révèle qu'il ne veut plus s'impliquer et qu'il ne désire plus participer autant à la conversation, malgré ses propos. La rotation de l'épaule survient à un moment de la conversation où l'autre rejette votre point de vue. Il se pourrait aussi que vous ayez abordé un sujet délicat ou touché un point sensible dont votre interlocuteur ne veut pas discuter. Si la rotation de l'épaule survient pendant qu'il parle, c'est habituellement une forme de rejet inconscient de son propre discours. Votre interlocuteur n'est pas complètement engagé dans sa réponse ou ne croit pas véritablement à ce qu'il dit. Tentez de capter d'autres signes avant de conclure au mensonge. N'oubliez pas qu'aucun geste à lui seul ne signifie qu'il y a mensonge. Si les pieds pointent vers ceux qu'ils aiment, les épaules se comportent à l'inverse. Ainsi, nous pointons souvent inconsciemment l'épaule vers la personne ou le groupe que nous rejetons.

Haussement d'épaules

Le haussement d'épaule est une autre forme de rejet. En général, on hausse les épaules quand on ignore la réponse ou qu'on s'en fiche. Si vous posez une question à une personne qui répond en haussant un peu les épaules, c'est qu'elle doute elle-même de ce qu'elle dit. Son geste peut alors être un signe d'évasion ou de mensonge.

J'ai remarqué qu'il m'arrive parfois de hausser mon épaule droite tout en la roulant vers l'intérieur quand je suis seule sur ma causeuse, en train de réfléchir ou d'écrire mon journal intime. Cela survient quand je me dis que telle situation ne m'affecte pas ou que je me fiche de tel dénouement. Le côté droit du corps étant commandé par l'hémisphère cérébral gauche, siège des pensées et de la logique, mon épaule m'indique que je ne crois pas mes pensées du moment. Ce simple geste me signale que je me mens à moi-même ! Il m'oblige donc à reconnaître mes sentiments et à admettre que telle situation m'embête ou que je ne m'en moque pas du tout, au contraire. La prochaine fois que vous surprendrez votre épaule en flagrant délit de haussement, demandez-vous si n'êtes pas en train de vous raconter des histoires…

Les épaules en cascade

Un mouvement d'épaules que Walters appelle « cascade corporelle » survient quand un menteur est sur le point de passer aux aveux. D'abord les épaules tombent subitement. Puis, elles semblent rentrer dans le torse. Enfin, elles roulent vers l'avant. L'enchaînement des mouvements donne l'impression de l'eau qui dégringole d'une cascade. Ce geste en trois étapes peut être un signe de déprime, mais il signale aussi l'acceptation après une forte résistance. C'est le cas quand le menteur s'efforce de vous faire avaler son mensonge et déploie toute sa panoplie de travestissements, mais que vous continuez de le confronter et que vous doutez de sa parole. Il n'est pas conseillé d'interroger ainsi une personne car cela brise la confiance mutuelle. Personne n'aime se montrer sous son mauvais jour et encore moins se faire accuser de mentir. Mais dans les cas graves (tromperie, crime, etc.), il peut s'avérer nécessaire de questionner la personne que l'on soupçonne de mentir. La cascade des épaules indique que le menteur est sur le point d'avouer. Pour la distinguer de la déprime, regardez si la personne renverse légèrement la tête vers l'arrière et porte les yeux au ciel. Il est possible qu'elle retienne ainsi ses larmes. Si c'est le cas, vous devriez à tout prix cesser de la confronter pour éviter qu'elle ne se braque et ne continue de mentir. Son corps accepte votre point de vue. Écoutez ensuite votre interlocuteur avouer en mots ce que vous aviez lu dans la cascade de ses épaules.

Le parchemin formé par les bras et les mains

Déroulez un parchemin et vous parcourrez une longue série de lignes. De la même manière, les gestes des mains évoquent une série de sens. Cette section sur le langage des bras et des mains vous propose de cheminer dans les méandres de ses significations. Bien souvent, les mains accompagnent les paroles. Elles soulignent, accentuent, précisent les mots. Attachez les mains d'une personne qui gesticule beaucoup et elle aura de la difficulté à s'exprimer. Ses mains lui sont nécessaires pour bien expliquer, convaincre, amadouer, voire menacer. Parce qu'elles sont à portée de notre regard quand nous parlons, nous sommes plus conscients de nos mains et pouvons plus facilement les faire taire, au besoin.

Les mains sont bavardes, même quand on les maintient immobiles. Elles expriment toute la gamme des émotions : l'ennui, la nervosité, la joie et bien d'autres. Les doigts qui tambourinent, les poings qui se serrent, les bras qui se croisent révèlent le stress, la colère, la fermeture. Les mains peuvent signifier que la personne est franche et ouverte ou, au contraire, qu'elle a quelque chose à cacher. Même les démangeaisons sur les bras fournissent de précieuses informations sur l'état émotif de la personne qui se gratte !

Les mains émotives

Dans de nombreuses sociétés latines, il est d'usage de s'exprimer avec les mains. Les Italiens et les Grecs, entre autres ethnies, ont les mains très expressives. Mais peu importe leur communauté d'appartenance, certaines personnes parlent davantage avec leurs mains : « Les mains sont alors le canal par lequel, sans mot dire, l'homme exprime sa pensée[31]. » Les mains qui gesticulent beaucoup expriment une gamme d'émotions : l'enthousiasme, la joie, la détermination, par exemple. Lillian Glass nomme ce genre de mains les « mains émotives ».

31. Turchet, Philippe, *op. cit.*, p. 59.

Les mains franches

Les mains franches sont des mains aux paumes exposées qui montrent qu'elles n'ont rien à cacher. C'est un geste analogue à celui du chien qui offre son cou au chien dominant en signe de soumission. En plus de la paume offerte, les doigts sont étendus en guise d'acceptation et de réceptivité. Les personnes qui ont les mains franches traduisent de l'ouverture et un intérêt pour leur interlocuteur. Attention ! Si jamais vous aviez l'intention de mentir en montrant les paumes de vos mains afin de passer pour une personne honnête, votre corps saurait bien vous trahir autrement...

Du dos de la main

Quand le dos de la main fait face à l'interlocuteur, il s'agit d'un signe de fermeture, surtout si la main est près de la bouche comme nous le verrons dans le chapitre suivant. La main fait office de bouclier protecteur. La personne n'est pas nécessairement malhonnête, mais elle n'est pas ouverte à la communication. Si vous voyez le dos de la main placée en bouclier, demandez-vous où mène la conversation. Êtes-vous en train d'attaquer votre interlocuteur ? Durant cette conversation, souhaitez-vous construire un mur entre vous et l'autre ou bâtir un pont ?

Si votre interlocuteur parle et cache ses mains dans ses poches ou ailleurs, il est possible qu'il camoufle des informations valables, qu'il ne veuille pas révéler quelque chose qui l'implique personnellement. Une personne qui n'est pas franche est habituellement moins expressive de ses mains comme l'illustre le cas suivant.

Des infirmières incitées à mentir...

Plusieurs auteurs, Desmond Morris en tête, rapportent une expérience classique sur le mensonge. Lors d'une étude menée voilà une trentaine d'années, on a demandé à des étudiantes américaines en techniques infirmières soit de mentir, soit de dire la vérité à propos de films médicaux que l'on venait de leur projeter. Les expérimentateurs leur ont dit que la capacité de mentir était très importante dans l'exercice de leurs fonctions, car les patients ne devaient pas être inquiets de leur état s'ils voulaient guérir. Il fallait donc que les infirmières les rassurent, peu importe la gravité de leur maladie. Le mensonge faisait donc partie de l'arsenal thérapeutique. On leur a également dit qu'elles devaient être crédibles si elles voulaient réussir le test. Ces infirmières ignoraient qu'elles servaient de cobayes à une recherche sur le mensonge ! Les chercheurs leur avaient menti sur ce point.

Ceux-ci ont observé que celles qui mentaient gesticulaient moins avec leurs mains. Quand nous parlons, nous « illustrons » souvent les mots avec nos mains, sans même nous en rendre compte. Nous sommes conscients de nos gesticulations, mais sans savoir exactement ce que nous « disons » avec nos mains. De peur de se tromper de gestes et de se trahir, les apprenties infirmières cessaient donc de « parler avec leurs mains ». Durant toute la durée des mensonges, tous les gestes manuels des menteuses étaient en déclin à l'exception d'un seul : le léger revers de la main. En effet, plusieurs étudiantes repoussaient légèrement l'air du dos de la main, comme si la main avait une existence propre et rejetait les propos mensongers, déclinant toute responsabilité pour ce que la bouche disait.

Les chercheurs ont aussi observé que les étudiantes qui mentaient portaient leurs mains au visage, surtout près de la bouche et du nez, plus fréquemment que les autres. L'explication de Desmond Morris : quand elles profèrent des mensonges, les étudiantes sont intérieurement mal à l'aise et leur cerveau fait en sorte que la main couvre leurs paroles. Inconsciemment, les mains des étudiantes tentaient de retenir les mensonges. Parce que l'on avait dit à ces jeunes femmes que leur habileté à mentir était requise si elles voulaient réussir dans leur profession, elles s'y étaient appliquées, mais elles se trahissaient par leur gestuelle. Parfois un doigt s'attardait sur la lèvre supérieure ou la main restait sur le coin de la bouche.

Dans le cas de jeunes enfants qui mentent, il arrive que les deux mains cachent la bouche. Tentative dérisoire pour masquer le mensonge… L'exemple de ces étudiantes montre que des dérivés de ces gestes subsistent à l'âge adulte.

Les poings serrés

La personne qui serre les poings est soit stressée, soit fâchée. Elle tente de retenir son émotion et sa tension. Si votre interlocuteur vous parle calmement et nie être fâché, mais qu'il garde ses poings serrés, il n'est pas honnête. Ses poings indiquent qu'il éprouve une certaine colère. Toutefois, la prochaine fois que vous croiserez un passant qui marche les poings fermés, n'allez pas conclure qu'il est en colère. L'état de stress ou la concentration mentale empêche la détente corporelle. « *L'être humain stressé ferme les poings*[32] », tout simplement.

Votre interlocuteur aux poings serrés ne montre pas d'autres signes de colère ? C'est peut-être une indication qu'il ne vous aime pas. Regardez d'autres symptômes comme la direction de son pied et l'inclinaison de son torse.

Son pouce est caché dans ses poings ? Il se sent probablement menacé, inquiet ou intimidé. Posez-lui des questions pour vérifier son état. Vous pouvez lui demander ce qui l'inquiète, par exemple. Soit il vous répondra, heureux que vous lui ayez tendu la perche, soit il vous dira qu'il n'est pas inquiet. Dans ce cas, vous pourrez lui demander comment il se sent. C'est aussi simple que cela.

Une variante des poings serrés s'observe chez les gens qui s'agrippent aux accoudoirs de leur fauteuil. Ils essaient de garder leur calme et se retiennent pour ne pas révéler qu'ils sont tendus, voire qu'ils ont peur. Ils tentent d'éviter de manifester une émotion forte et s'engagent dans la voie du mensonge, selon Glass. Peut-être ont-ils peur d'être démasqués ?

32. P. Turchet, *ibid.*, p. 62.

Les doigts agités

Les doigts qui tambourinent sur une table expriment la nervosité. C'est également le cas quand la personne joue avec ses cheveux ou ses bijoux. Si vous avez vu le huitième film de la série le Décalogue, *Tu ne mentiras point*, vous vous souvenez du personnage de la femme juive qui assiste au cours universitaire de celle qui avait refusé de l'héberger en 1943, quand elle n'avait que six ans et que ses parents voulaient la protéger des Allemands. Pendant qu'elle raconte cette histoire qui l'a profondément marquée, elle ne cesse de jouer avec son pendentif en or, exprimant ainsi sa nervosité et non pas un mensonge. La personne qui pianote des doigts, gesticule beaucoup ou joue avec un objet exprime l'impatience, le stress, la nervosité. Demandez-vous pourquoi elle est à ce point stressée ou nerveuse. Procédez par déduction. Se peut-il qu'elle ait vu votre exemplaire de *La vérité sur le mensonge* et qu'elle craigne que vous deviniez qu'elle a menti ? Il faut, bien entendu, être attentif à ce que dit le reste de son corps.

Des mains qui trahissent l'ennui

Votre interlocuteur vous écoute en hochant la tête, mais est-il vraiment intéressé ? Simule-t-il l'intérêt par politesse, alors que vos propos l'ennuient au plus haut point ? Ses mains le trahiront. Si elles sont entrelacées avec les pouces qui tournent sans cesse, c'est un signe corporel d'ennui plus fiable que les paroles et les hochements de tête polis. Dès que votre interlocuteur fait ce geste, dépêchez-vous de lui céder la parole ou prenez congé de lui. Il vous en sera reconnaissant. Préférez-vous qu'il vous dise carrément que vous l'ennuyez ? Ce serait un manque de diplomatie que de proférer une vérité aussi choquante !

Les bras croisés

Très peu de mouvements de bras sont reliés au mensonge. Les bras croisés, tellement populaires, sont associés à plusieurs états émotifs comme nous l'avons vu au chapitre précédent. De façon générale, ils constituent un signe de fermeture. Dans certains cas, une personne se croisera les bras parce que l'on a touché un point sensible. C'est sa manière de se protéger car elle se sent vulnérable. Parfois, les bras croisés sont associés au mensonge et à la tromperie. C'est sûrement le cas si d'autres symptômes apparaissent en même temps. N'oubliez pas les grappes de comportements. Pensez aussi au principe du grand angle et embrassez la personne du regard plutôt que de vous concentrer sur un seul de ses gestes. Malgré la multiplicité de sens qu'il peut revêtir, un croisement de bras soudain devrait attirer votre attention. Selon Lillian Glass, ***les bras croisés crient pratiquement que la personne a quelque chose à cacher.***

Les bras qui démangent

Les petites démangeaisons sur les bras sont également révélatrices des sentiments de la personne. Turchet nous dit que les démangeaisons de la face antérieure des bras signalent le désir réprimé d'étreindre la personne qui est en notre compagnie. Si cette personne prétend être insensible à votre charme tout en se grattant l'intérieur du bras, vous pouvez douter de ses paroles et chercher d'autres symptômes d'attirance… Si elle se gratte la partie extérieure du bras, cependant, un synergologue averti vous dira que c'est une façon inconsciente de repousser une agression verbale ou psychologique. Dans ce cas, il ne s'agit pas d'attirance, mais de rejet. Nuance ! N'oubliez pas de prendre en considération le contexte et d'être attentif aux autres signes. Peut-être s'est-elle fait piquer par un moustique, à moins qu'elle n'ait une éraflure à cet endroit !

Lui plaisez-vous ? Son corps le dit…

Ceux qui prétendent vous aimer vous aiment-ils vraiment ? Peu importent leurs paroles, si leur corps n'est pas en accord, c'est qu'ils vous mentent. Aimeriez-vous savoir si la personne qui vous attire éprouve le même attrait pour vous ? Observez son corps.

Imaginez que vous déambulez parmi les invités d'un cocktail. Un peu mal à l'aise, vous envisagez de « camper » près du buffet ou d'attraper un verre au passage pour vous donner une contenance. Entre-temps, vous croisez le regard d'une personne qui vous plaît, connue ou inconnue de vous. Bien que l'échange de regards soit des plus agréables, si vous restez accroché à ses yeux, le langage de son corps vous échappera.

Le synergologue Philippe Turchet donne plusieurs exemples de microdémangeaisons et de microcaresses qui indiquent le désir physique. Il se gratte le flanc ? C'est l'expression d'un désir charnel pour vous, mesdames, et messieurs homosexuels (ne soyons pas hétérosexistes !) Il se caresse le bras pour vous signifier qu'il aimerait que vous le touchiez. Vous savez que vous lui plaisez. Vous décidez de l'aborder. Il prend position face à vous, les mains sur les fesses, le bassin projeté vers l'avant ? Il a le pénis arrogant, dirait Turchet. C'est clair, il vous désire. Vous ne répondez pas à ses avances et il se permet d'aller plus loin pour être plus clair. Bien entendu, il n'est pas conscient de ses gestes, mais son corps sait ce qu'il veut ! Il glisse ses pouces dans les poches à l'avant de son pantalon et ses mains pointent vers son sexe. Allan Pease considère que ce geste qui rappelle les cow-boys signifie carrément : « Je te veux ! » En plus, il adopte une distance rapprochée. Il envahit votre espace personnel, mais vous ne reculez pas puisqu'il vous attire fortement. Vous vous placez face à lui, les pieds à angle ouvert. Vous êtes tout à fait d'accord avec ses propos. Vous changez de position en même temps que lui : « Le mimétisme est toujours l'accord total entre deux personnes », écrit Allan Pease[33]. Vous avez envie qu'il vous touche. Vous caressez discrètement vos cheveux, votre cou, votre bras ou votre torse. Son corps comprendra que vous avez envie qu'il vous touche. Il devrait saisir que l'attrait est réciproque…

---

33. *Op. cit.*, p. 162.

Pour vous, messieurs, maintenant (et pour les adeptes du saphisme). La belle inconnue rencontrée au cocktail marche vers vous en se caressant discrètement la cuisse en bas de la fesse. Elle manifeste inconsciemment son désir. C'est un geste féminin vif et subtil, mais très facile à percevoir quand on y est attentif. Vous pouvez l'aborder en sachant que vous lui plaisez. Bien entendu, l'expression du visage est l'élément le plus important mais ce n'est pas l'objet de ce chapitre. Patience ! Vous vous parlez, vous êtes en train d'échanger. Son pied pointe vers vous ? Vous l'intéressez ou bien vos propos l'intéressent. C'est bon signe. Elle effleure sa taille de la main pendant que vous parlez ou qu'elle vous écoute. Son corps vous dit : « J'aimerais que vous me touchiez. » Vous êtes dans la bonne voie. Vous vous asseyez et elle croise sa jambe dans votre direction pour indiquer qu'elle est intéressée. Son torse se penche vers vous. Vos propos lui plaisent. Un petit silence s'installe. Pour le meubler, vous laissez échapper la première idée qui vous vient à l'esprit : le dernier match de hockey ou de la Coupe du monde. Erreur ! (Je sais, je sais, mon exemple est stéréotypé, car il y a des femmes que ça intéresse...) Son torse s'éloigne de vous et elle appuie son dos sur la chaise. C'est signe que le sujet l'emballe moins, qu'elle commence à manifester son ennui ou son désintérêt. Vite ! revenez au sujet précédent ou demandez-lui quelle est son activité préférée. Elle prétend travailler 60 heures par semaine. Pas de temps pour un hobby ! Elle décroise les jambes et se lève.

Si le pied pointe vers la porte de sortie, elle aimerait prendre la poudre d'escampette. Même si ses paroles sont empreintes d'amabilité, ne vous y trompez pas : elle a changé d'idée et souhaite échapper à votre compagnie. Peut-être qu'elle n'aime pas votre voix ou votre odeur. Peut-être que son ancien conjoint était un sportif du dimanche et qu'elle fuit comme la peste les amateurs de sport télévisé. Une petite démangeaison sur la partie dorsale de son corps indique son désir de vous tourner le dos et de partir. Si vous l'invitez à sortir et qu'elle acquiesce, mais que son pied ou sa hanche se détourne de vous et pointe dans une autre direction, dites-vous qu'elle a dit « Oui » par politesse. Il se pourrait fort bien qu'elle annule à la dernière minute ou même qu'elle vous refile un faux numéro. Vous serez averti ! Et défense de dire : « Ah ! les femmes. » Déchiffrez leur langage corporel pour les comprendre, pas juste pour les admirer...

Chapitre 5

Code facial : le visage démasqué

Apprends avant tout à voir la vérité.
Ainsi, rien de ce que tu entendras
Ne t'induira en erreur ni te décevra.

GUY FINLEY

Avez-vous déjà attendu vos invités près d'une fenêtre afin de capter l'expression de leur visage au naturel, juste avant qu'ils sonnent à votre porte et aient eu le temps de se composer une expression affable ? Êtes-vous légèrement agacé quand une personne vous reconnaît avant que vous ne l'ayez vue, vous surprenant ainsi sans votre masque social ? Les émotions d'une personne qui n'est pas consciente d'être observée se révèlent telles quelles sur son visage. Les transports en commun et la rue constituent un terrain d'observation de choix pour capter de « vrais » faciès.

Des recherches ont démontré que 55 % de la communication non verbale est faciale. C'est dire à quel point il importe de savoir lire sur un visage. Des centaines d'expressions révélatrices peuvent apparaître. Un rictus ou une moue d'une fraction de seconde peut contredire les paroles qui ont été dites. Il existe souvent une cassure entre les émotions que nous ressentons et ce que nous décidons de laisser paraître. Nous échouons donc à communiquer à l'extérieur ce que nous éprouvons intérieurement. Nous cachons quelque chose. Cette dissimulation est néanmoins manifeste pour l'observateur averti. Le visage laisse transparaître des traces d'émotions contenues derrière le masque.

Dans ce chapitre, nous tenterons de dévoiler les expressions faciales courantes. Nous nous arrêterons d'abord au sens des mouvements de la tête. Puis, nous verrons ce que veulent dire les gestes associés au nez. Ensuite, nous nous pencherons sur les regards. Regards fixes, évitements et rupture du regard ainsi que clignements des yeux n'auront plus de secrets pour vous. Nous enchaînerons avec la bouche, cet organe qui peut aussi parler en silence. Enfin, nous verrons ce que signifient les démangeaisons des oreilles, pour terminer avec l'exploration du langage facial tel qu'il se manifeste dans l'attraction et l'amour. Mais avant d'entrer dans le vif du sujet, je vous propose de passer un petit test sur vos capacités de décoder l'expression d'un visage.

Test : Savez-vous lire sur un visage ?

Rappelez à votre mémoire une conversation que vous avez eue récemment et répondez sur une feuille aux questions suivantes par « Oui », « Non » ou « Je ne sais pas ».

1. Quand cette personne vous accueille, sourit-elle ?
2. Hausse-t-elle les sourcils, ouvre-t-elle tout grands les yeux lorsqu'elle vous salue ?
3. Lorsqu'elle sourit, des rides apparaissent-elles au coin des yeux ?
4. Montre-t-elle les dents, rehausse-t-elle les pommettes et les coins des lèvres lorsqu'elle sourit ?
5. La personne a-t-elle un regard direct ? Vous regarde-t-elle souvent ?
6. A-t-elle un sourire figé ou artificiel ?
7. Un rictus ou un sourire déformé orne-t-il ses lèvres ?
8. Les yeux vous paraissent-ils tristes, sans vie, malgré son sourire ?
9. Vous regarde-t-elle fixement pendant un long moment ?

10. Son regard est-il doux, naturel lorsqu'elle vous regarde ?
11. Vous regarde-t-elle de côté, plutôt que de face ?
12. A-t-elle tendance à baisser les yeux et à éviter de vous regarder ?
13. La personne cligne-t-elle exagérément des yeux lorsqu'elle parle ?
14. Est-elle la première à détourner le regard ?
15. Bâille-t-elle souvent pendant qu'elle vous parle ?
16. A-t-elle tendance à déglutir lorsque vous annoncez qu'il vient de vous arriver quelque chose d'agréable ?
17. Se couvre-t-elle la bouche de la main lorsqu'elle parle ?
18. Se mord-elle la lèvre inférieure ?
19. S'humecte-t-elle souvent les lèvres ?
20. A-t-elle les joues rouges ?
21. Soutient-elle son menton de la main ?
22. Se touche-t-elle souvent le nez lorsqu'elle vous parle ?
23. A-t-elle tendance à se tirer les lobes des oreilles ?
24. Hoche-elle la tête ?
25. Sa tête est-elle penchée sur le côté ?

Plus vous avez répondu « Oui » et « Non », plus votre capacité de lire sur un visage comme dans un livre ouvert est élevée. Plus vous avez répondu que vous ne saviez pas, moins vous êtes conscient des expressions faciales d'autrui.

À la fin de ce chapitre, vous saurez ce que signifient chaque geste et combinaison de gestes indiqués dans ce test. Votre capacité de lire sur le visage des membres de votre entourage sera d'autant accrue que vous referez ce test souvent après une conversation.

La tête qui tourne

En observant la tête de votre interlocuteur, vous saurez s'il vous écoute vraiment, s'il est intéressé par la conversation, s'il vous juge ou s'il s'ennuie. Vous ne prendrez plus ses mots pour de l'argent comptant. Vous vérifierez si sa tête est en accord avec ses propos ou si elle les contredit. Puisque les expressions faciales sont plus fiables que les paroles, vous saurez à quoi vous en tenir.

Hochement de tête

Vous souhaitez découvrir si votre interlocuteur est vraiment sincère ? Observez attentivement sa tête pendant quelque temps, sans oublier de regarder le reste du corps. Y a-t-il adéquation entre son acquiescement verbal et les mouvements de sa tête ? Par exemple, vous demandez à votre voisine si elle veut bien s'occuper de vos plantes durant vos vacances. Elle accepte, mais sa tête effectue un léger mouvement vers le côté, ébauche censurée de négation. Sachez qu'elle n'ose pas dire « Non » malgré son envie. Un acquiescement verbal est habituellement accompagné de hochements de tête chez les personnes expressives ou d'une légère secousse d'approbation vers le bas chez les personnes plus réservées. Attention ! Les hochements de tête indiquent généralement l'accord, mais de nombreuses personnes acquiescent automatiquement par seul souci de plaire à leur interlocuteur. Il ne faut donc pas se fier uniquement à eux. Si votre voisine dit « Oui » pour vos plantes et hoche la tête, observez le reste de son corps pour vérifier s'il vous dit aussi qu'elle est d'accord. Sinon, vos plantes risquent de manquer d'eau…

La tête intéressée

Quand une personne vous écoute vraiment, sa tête a tendance à pencher de côté. Ce geste est particulièrement remarquable chez les jeunes enfants qui ne savent pas encore parler ou s'exprimer facilement. Notez comment leur tête se penche pour vous écouter avec attention et tenter de comprendre vos paroles. La tête légèrement inclinée de côté de votre interlocuteur adulte indique qu'il est lui aussi intéressé, voire captivé par vos propos.

Les synergologues tiennent également compte de la direction vers laquelle la tête est penchée. En gros, l'hémisphère gauche du cerveau est le siège de la pensée et de la logique, des paroles. Il commande le côté droit du corps. Inversement, l'hémisphère cérébral droit, lié aux émotions, dirige le côté gauche du corps. Selon Philippe Turchet, une tête penchée vers la gauche révèle l'empathie et la douceur de l'interlocuteur. Penchée vers la droite, la tête signale la tension, les préoccupations.

La tête qui juge ou doute

Avez-vous déjà remarqué que la personne à qui vous parliez avait la tête baissée, inclinée vers le sol avec le menton dans le cou et le regard par en dessous ? Si c'est le cas, vous vous êtes sûrement senti jugé. Cette combinaison est en effet celle d'une personne qui juge et qui jauge, selon Pease. Quant à Walters, il considère qu'il s'agit de suspicion envers les propos de l'autre ou les siens. Il y a alors lieu de vous demander si la personne doute de ses propres propos ou des vôtres quand elle adopte cette position de la tête. Cela dépend si elle parle ou si elle vous écoute.

La tête de... l'ennui

Il est très difficile de maintenir la tête droite quand on s'ennuie. Si une personne a besoin de sa main pour soutenir sa tête, c'est assurément un signe d'ennui ou de fatigue. Si elle appuie sa main contre son menton, index relevé vers l'oreille, sans soutenir sa tête pour autant, elle ne fait que réfléchir. Est-ce que sa tête tomberait si son appui lui était subitement retiré ? Si oui, elle s'ennuie. Un autre signe qui ne ment pas : les bâillements. Bien sûr, votre interlocuteur invoquera invariablement la fatigue pour les excuser. Mais curieusement, il cessera de bâiller dès que vous aurez de nouveau capté son attention. Il est vrai que les bâillements sont physiologiques et surviennent quand le corps est fatigué. Mais pourquoi ne bâille-t-on jamais quand on est passionné par une conversation ? Pour Glass, on bâille quand on s'ennuie ou quand on veut éviter un sujet. Parce que le bâillement met mal à l'aise, l'interlocuteur aura tendance à changer de sujet, ce qui fera bien l'affaire du menteur ou du cachottier.

Si vous repérez des changements qui indiquent l'ennui dans le comportement constant d'une personne et que ces changements surviennent en grappes, ne vous demandez plus si la personne s'ennuie ou est vraiment fatiguée. Les mains croisées, un long bâillement sonore, la tête qui s'appuie contre le menton : ce sont des signes d'ennui. Si la personne nie qu'elle s'ennuie, elle ment par politesse, tout simplement. Il est grand temps de prendre congé et de la laisser se reposer...

Le nez qui pique

La plupart du temps, les gens se grattent le nez pour cacher une émotion ou parce qu'ils subissent un stress lié à l'interaction. Ténu est le lien entre le nez et les émotions. On sent avec le nez et on "(res)sent" les émotions, comme le signale justement Turchet. Pensez à l'expression courante « Je ne peux pas le sentir », qui exprime la répulsion que l'on éprouve envers certaines personnes. Glass considère que se toucher le nez est un acte inconscient disant que la personne a quelque chose à cacher, qu'elle trompe l'autre ou ne lui dit pas la vérité. Se toucher le nez est une variante plus subtile du geste enfantin qui consiste à se couvrir la bouche après avoir menti.

Mais pourquoi le nez démange-t-il le menteur ? Selon plusieurs auteurs, mentir ferait augmenter la tension nerveuse et artérielle. Cet accroissement varie selon le type de menteurs. Moins on ment, plus on est nerveux de le faire. Même chez les grands menteurs, il se produit des changements physiologiques mineurs qui affectent la sensibilité des parois de la cavité nasale, ce qui cause un picotement plus ou moins perceptible qui incite à se gratter.

Le nez de la réflexion

Les légers attouchements du nez révèlent une soif de connaissances. On se frotte le nez quand on réfléchit. C'est ce que

Turchet nomme le « nez de Cyrano ». Le contexte vous dira si la personne se touche le nez parce qu'elle se concentre sur ses pensées. Dans ce cas, il est possible qu'elle se gratte aussi la tête. Elle pourra également poser sur son menton un index pointant vers l'oreille.

Le nez du mensonge

Le « nez de Pinocchio » est celui des cachottiers et des menteurs. « Les microdémangeaisons de la base du nez sont les signes qui expriment avec le plus d'acuité le décalage entre nos désirs et leur expression. En cela, il est possible de dire en allant vite en besogne que les *microdémangeaisons de la base du nez expriment le mensonge*[34]. » Mais ne tombez pas dans le piège qui consiste à accuser l'autre de mentir pour un simple grattement de nez. Observez les grappes de gestes et pensez au contexte.

La main placée devant les narines signifie que nous ne voulons pas sentir quelque chose. Par exemple, vous demandez à votre conjoint de sortir les poubelles et il place sa main devant ses narines. Son pouce peut même s'appuyer contre une narine. Votre conjoint ne veut pas sentir l'odeur des déchets ! Son geste indique qu'il cherche une manière polie de se désister. Vous insistez, arguant que vous faites tout le ménage et qu'il est paresseux. Il se gratte le nez avec l'index dans le prolongement de l'œil. Il est fortement dérangé. Selon Turchet, ce geste signifie : « Ce que je sens me dérange. Je ne crois pas ce que je vois. »

Mais si votre interlocuteur se frotte ou se gratte la base du nez de gauche à droite pendant qu'il parle, il y a de bonnes chances qu'il soit en train de mentir. S'il effectue ce geste pendant que vous parlez, il est possible qu'il croie que vous êtes en train de mentir. C'est à vous de revenir à une communication authen-

34. Turchet, Philippe, *op. cit.*, p. 164-165.

tique si vous n'étiez pas franc. Sinon, vous devrez vous expliquer davantage pour le persuader de votre franchise.

Ne concluez pas que la personne qui se touche le nez est une menteuse. Vérifiez les autres possibilités : l'air sec, le rhume ou une allergie peuvent aussi causer des démangeaisons.

« Tu as de beaux yeux... »

On entend souvent dire que les yeux sont le miroir de l'âme. Dans l'optique de la communication non verbale, je dirais que les yeux ouvrent les fenêtres donnant accès aux émotions. Nombre d'expressions courantes témoignent du lien entre l'œil et l'émotion. Ne dit-on pas d'une personne courageuse qu'elle « n'a pas froid aux yeux » ? L'incrédule dira : « Mon œil ! » Le séducteur « fera de l'œil » à la femme qu'il convoite. Quand vous communiquez avec autrui, il est dans votre intérêt d'« ouvrir l'œil » et le bon, celui qui voit ce que veut dire le regard de l'autre.

Le type de regard permet de connaître les intentions. Parce que les yeux sont éloquents, nous pouvons savoir si l'autre nous aime ou nous déteste, s'il est nerveux, ouvert ou s'il a quelque chose à cacher. La détection des incohérences, signes de tromperie et de mensonge, passe entre autres par l'observation des yeux.

Regard professionnel ou intime ?

Vous voulez savoir quelles sont les intentions de votre interlocuteur à votre égard ? Regardez où il vous regarde. Le regard professionnel se limite à scruter les yeux et le haut du visage. Le regard personnel inclut les yeux, mais descend aussi vers la bouche. Par un regard intime, que l'on appelle aussi « regard qui déshabille », la personne a l'audace de baisser les yeux jusqu'à votre poitrine, voire plus bas.

À un homme qui me demandait pourquoi je refusais de lui donner mon numéro de téléphone ou de prendre le sien, j'ai répondu d'un ton courroucé : « Vous m'avez regardé des pieds à la tête deux fois de suite ! » Son acquiescement confirma la nature explicite de son regard. À moins de rechercher les rencontres d'un soir, les femmes fuient les hommes qui les déshabillent du regard sans même se donner la peine de les connaître. Au moins, les intentions de ces hommes sont claires !

Quand nous sommes en contact avec les quatre codes de la personne avec laquelle nous communiquons, nous ne pouvons nous limiter à observer ses yeux, aussi professionnels que nous souhaitions être. Le regard de celui qui tente de décoder le langage du corps s'apparentera forcément au regard intime, lubricité en moins ! Le truc consiste à balayer des yeux le corps de l'autre, sans trop s'attarder au bas du visage ni fixer une partie.

Les yeux qui aiment ou détestent

Nous avons tendance à regarder davantage les personnes que nous aimons. Non seulement la fréquence de nos regards est élevée, mais leur durée augmente également. Nos pupilles s'élargissent quand l'objet de notre affection est sous nos yeux. Inversement, nous tendons à moins regarder les gens qui nous repoussent ou nous indiffèrent. Nos pupilles se contracteront si nous apercevons une personne que nous détestons. Les pupilles ne mentent pas : « Regardez bien droit dans les yeux et vous saurez tout des sentiments de votre interlocuteur », nous dit Allan Pease[35].

Le regard fixe

Quand nous fixons une personne, c'est soit que nous l'aimons ou qu'elle nous attire, soit que nous lui sommes hostiles. Un regard « normal » ne dépasse pas trois secondes. Au-delà, il indique l'attraction ou la répulsion. Pour discerner l'un de ces deux opposés, il faut observer d'autres signes verbaux et non verbaux.

---

35. *Op. cit.*, p. 127.

À cet égard, vous pouvez lire, à la fin de ce chapitre, l'encadré intitulé « Le visage sincère d'un être cher ».

Nous pouvons certainement fixer l'autre des yeux pendant que nous lui mentons. Dans ce cas, les muscles autour de nos yeux ne seront pas détendus. Le regard sera fort, stable et tendu. Si la fixation du regard ou le contact oculaire délibéré et intense représente un changement dans le comportement constant, c'est très significatif. Au contraire de la personne honnête mais faussement accusée qui maintient un regard fort et direct, avec les muscles oculaires détendus, le menteur est tendu. Son regard fixe constitue une tentative pour maintenir le contrôle ou la domination de la personne avec laquelle il s'entretient et à qui il ment. Ce regard est une façon de dire : « Ne me questionne pas, ne doute pas de mes paroles, sinon ça ira mal. » Le menteur aux yeux fixes essaie de prouver qu'il est honnête parce qu'il est capable de parler en regardant l'autre dans les yeux. Ayant en tête le mythe selon lequel les menteurs évitent de croiser le regard de leur interlocuteur, il s'efforce de regarder l'autre directement dans les yeux pour démentir cette fausse croyance et être cru. Cependant, il en fait trop. Ce sont sa fixation et sa tension qui le trahissent.

S'il s'agit d'une personne chez qui le regard soutenu est une constante, l'interprétation différera. Il importe donc de se demander si la fixation du regard fait partie du comportement habituel ou constitue un changement. S'il s'agit d'un changement, c'est un indice de performance communicationnelle : la personne tente de cacher une émotion vraie en la déguisant ou en la masquant sous un faux comportement.

L'étudiant menteur de Monsieur Ric

À sa première session à titre de professeur dans une université, Monsieur Ric était agacé par un étudiant et une étudiante qui ne cessaient de parler ensemble pendant le cours. Il leur a dit qu'il les séparerait s'ils n'arrêtaient pas. Lors de l'évaluation étudiante, un commentaire concernait cet incident : « Le professeur traite les étudiants comme des enfants de première année du primaire. Jamais je ne me suis sentie si rabaissée que lorsqu'il m'a menacée de me faire changer de place. » Suivaient plusieurs jugements personnels très durs. Monsieur Ric se sentait injustement critiqué et il n'arrivait pas à croire que l'étudiante en question en ait dit autant contre lui. Il lui en a parlé. Elle lui a dit tout ce qu'elle avait écrit et le jeune professeur a réalisé que ces commentaires ne venaient pas d'elle. Il en a conclu que l'étudiant avec qui elle parlait sans cesse s'était défoulé en se faisant passer pour sa collègue de classe. Cette dernière était rédactrice en chef du journal étudiant dans lequel un autre jeune écrivait sous le pseudonyme de « Cétacé ». Personne ne savait qui c'était. Il osait exprimer ce qu'il n'aurait jamais assumé s'il avait écrit sous son nom véritable. La rédactrice en chef a révélé que c'était le même étudiant qui s'était fait passer pour elle. Monsieur Ric a décidé de le convoquer à son bureau et de le confronter. Il lui a carrément dit qu'il savait qu'il avait tenté de se faire passer pour sa rédactrice en chef dans l'évaluation. L'étudiant l'a regardé fixement et lui a dit : « Je vous jure que ce n'est pas moi. » Il avait l'air tout à fait innocent et très blessé d'être injustement accusé. Si le professeur n'avait pas déjà été assuré de la vérité, il l'aurait cru. L'étudiant n'a jamais cessé de le regarder dans les yeux sans ciller, ce qui est justement un signe de mensonge. Monsieur Ric a lancé : « C'est assez, tu es démasqué, Cétacé. J'ai des preuves. » Le jeune homme a alors jeté un regard noir à son professeur et est parti en claquant la porte. Leur relation s'est gravement détériorée à partir de ce jour. Monsieur Ric a appris que le prix à payer pour connaître la satisfaction de démasquer ouvertement un menteur était très élevé. L'important est de savoir à qui l'on a affaire pour s'en protéger et non pas de se transformer en justicier qui se met tout le monde à dos !

Fuir des yeux

Le regard fuyant est parfois employé pour dissimuler une attraction : la personne ne veut pas avouer qu'elle est attirée ou qu'elle est amoureuse et n'ose donc pas regarder l'objet de sa flamme. C'est souvent le cas chez les adolescents qui baissent timidement la tête et jettent des coups d'œil en coin à celui ou celle qui les attire.

Si une personne rompt le contact oculaire vers la fin d'une phrase et qu'il s'agit d'un changement de comportement qui est accompagné d'autres changements (n'oubliez pas l'importance des grappes de comportements), c'est sans doute un signe de stress, voire un indice de tromperie. Imaginez, par exemple, que vous soyez chez un concessionnaire automobile et que vous posiez de multiples questions sur le véhicule qui vous intéresse. Le vendeur vous répond avec enthousiasme et sans hésitation. Mais si vous demandez des précisions concernant la garantie, il cesse de vous regarder et son débit ralentit. Il est fort possible que la garantie ne couvre pas certaines pièces ou qu'une clause du contrat la limite. Un consommateur avisé aurait tout intérêt à être sur ses gardes dans cette situation.

Le menteur qui se sent coupable évite en général le contact oculaire. Mais attention : plusieurs études ont démontré que ***l'évitement du regard n'est pas un critère fiable pour détecter les mensonges***. Il n'en demeure pas moins que certaines personnes croient que l'on peut lire dans leurs yeux et regarderont ailleurs pendant qu'elles mentent. Elles peuvent enlever des peluches sur leurs vêtements, jouer avec un objet, etc. Rappelez-vous des mains occupées qui permettent de mentir plus facilement. Jumelées à l'évitement du regard, elles peuvent constituer une grappe de comportements significatifs s'il s'agit d'un changement subit en lien avec le sujet abordé.

Diverses raisons poussent à rompre le contact avec les yeux de l'autre. Par exemple : notre interlocuteur aborde un sujet qui nous met mal à l'aise, nous nous sentons inférieurs à lui ou, au contraire, nous le méprisons. Le contexte socioculturel doit aussi être obligatoirement pris en considération. Ainsi, plusieurs Asiatiques considèrent qu'il est impoli de regarder dans les yeux une personne qui se trouve en position d'autorité. La personnalité intervient également. Les introvertis regardent moins leurs interlocuteurs dans les yeux que les extravertis. La prudence s'impose quand on interprète un regard fuyant. L'exemple suivant illustre combien il importe de prendre l'ensemble des gestes en considération.

Une information difficile à transmettre

Dans le film *Mensonge* de François Margolin, une femme enceinte (jouée par Nathalie Baye) apprend qu'elle est séropositive. Or, elle n'a jamais trompé son mari, ne s'est jamais droguée et n'a jamais reçu de transfusion. Elle commence à enquêter sur Charles, son mari, convaincue que c'est lui qui a attrapé le SIDA et l'a contaminée. Son employée de maison et son petit ami l'aident dans cette enquête. La femme apprend que son mari fréquentait un petit bar qu'elle ne connaît pas. Elle demande au petit ami de son employée d'y aller. Il se rend compte que c'est un bar pour homosexuels. De retour, il dit qu'il n'a rien remarqué de spécial. Il prend une cigarette. Sommé de préciser, il explique : « Il y a des mecs qui jouent, il y a des mecs qui boivent... » Il ajoute, en baissant les yeux pour prendre son briquet : « Il y a des nanas aussi. » Il a détourné le regard après son mensonge. Quand il fume, c'est toute sa main qui couvre sa bouche au lieu du pouce et de l'index. À deux reprises, il bouge la tête par petites secousses de gauche à droite. Ses mouvements de tête contredisent ses mots. Son ton de voix est morne, saccadé. Cela tranche sur son comportement ordinaire, plutôt détendu et taquin. Ce n'est pas seulement l'évitement du regard qui indique qu'il ment. C'est d'abord le changement de son *pattern*. C'est aussi un ensemble de nouveaux gestes qui accompagnent l'évitement du regard : les mouvements de tête négatifs, la cigarette tenue de telle sorte que la main couvre totalement la bouche, le ton de voix qui contredit les propos. S'il n'y avait vraiment rien de particulier dans ce bar, comme il le prétend, son regard ne serait pas fuyant, sa voix serait plus détendue, moins basse et son débit plus fluide. Dans le contexte de l'enquête, il se ferait rassurant au lieu d'être nerveux et de chercher à le masquer en se donnant une prestance. Plus tard, il avoue à sa petite amie : « Charles est pédé. » Il a menti parce qu'il ne voulait pas apprendre à la femme séropositive que son mari était homosexuel.

Les clignements des yeux

Les personnes qui clignent des yeux fréquemment sont généralement nerveuses et manquent de confiance en elles. Plus leurs paupières bougent rapidement, plus leur stress est grand. Ce geste indique aussi la vitesse de leur pensée. L'augmentation de la vitesse des pensées se traduit en effet par une augmentation du clignement des yeux. Ces derniers apparaissent parfois chez les menteurs qui ne croient pas vraiment leurs mensonges et sont nerveux, car ils ont peur de ne pas être crus et de se faire accuser de mentir.

LES YEUX DE FEU DES MENTEURS[36]

Une étude de la Clinique Mayo, dans l'État du Minnesota, réalisée en 2001 révèle que le contour des yeux des personnes qui mentent rougit légèrement dans six cas sur huit. Cette rougeur n'est pas perceptible à l'œil nu. Seule une caméra sensible à la chaleur permet de la détecter. La température du visage des menteurs peut passer de 29 °C, ou un peu moins, à 38 °C. La caméra serait programmée pour ne montrer qu'un fond noir quand la peau est à moins de 29 °, température normale pour les personnes qui ne sont pas en situation de stress. L'augmentation de la température du visage serait rendue visible par la caméra grâce à des teintes de jaune, orange et rouge. La fiabilité de cette caméra surpasse celle du détecteur de mensonge. En effet, la caméra sensible à la chaleur a détecté 83 % de menteurs alors que le taux de succès du polygraphe est de 70 %. Cette

36. Spears, Tom et Callhan, Rick, « Blush of Deception : Heat-sensitive camera sees red when you fib », *The Gazette,* 3 janvier 2002.

caméra pourrait potentiellement être employée pour filtrer les gens dans les aéroports, entre autres, sans qu'ils le sachent. Les résultats sont instantanés. De plus, l'utilisation de l'appareil ne requiert pas de spécialistes pour décoder les résultats comme c'est le cas du détecteur de mensonge. Seuls les passagers dont le contour des yeux rougirait quand ils répondraient aux questions des douaniers seraient interrogés plus à fond. Cette invention pourrait éventuellement servir à prévenir des actes terroristes dans le contexte de l'après 11 septembre 2001. Cependant, Frank Horvath, professeur de justice criminelle au Michigan State University, se dit peu impressionné par l'expérience de la Clinique Mayo. En effet, les images thermiques captées par la caméra ne révèlent que les changements physiologiques liés à l'anxiété. De tels changements ne prouvent pas le mensonge. Les personnes qui ont sursauté à cause d'un bruit ont également montré une augmentation de la température autour des yeux. En outre, près d'un sujet sur cinq a pu mentir sans être détecté. Il s'agit probablement de personnes habituées à mentir ou habiles à maîtriser leur stress. La caméra thermosensible a besoin d'être raffinée avant d'être implantée dans les aéroports…

Une bouche qui parle… en silence

Une bouche peut dire des mots qui touchent. Avez-vous tendance à boire les paroles de celui ou de celle qui vous complimente, vous remercie, vous chante la pomme ? Ne vous contentez pas d'écouter les paroles qui vous enchantent. Regardez aussi la bouche de la personne qui les prononce. Que veut dire sa langue qu'elle passe sur ses lèvres après son compliment ? Savez-vous à quoi vous en tenir si ses incisives mordillent sa lèvre inférieure ? Êtes-vous capable de décoder son sourire, de distinguer un sourire authentique d'un sourire faux ? La section qui suit lève le voile sur ce que la bouche exprime, sans les mots.

Se mordre les lèvres

Bien que le geste de se mordre les lèvres puisse être un signe de nervosité ou de colère, il est aussi possible qu'il soit une tentative pour contrôler le discours. Dans ce cas, la personne essaie de retenir les mots avant qu'ils ne sortent de sa bouche. Le contexte et les autres gestes permettent de déterminer le sens le plus pertinent. L'autre serre-t-il les poings tout en se mordant les lèvres et en vous jetant un regard noir ? Pas de doute, c'est sa façon d'exprimer sa colère. Il gesticule et ne tient pas en place ? Il est nerveux. Si ces deux possibilités sont éliminées d'emblée, vous pouvez jubiler (discrètement) tout en le questionnant : vous savez qu'il tente de vous dissimuler des informations. Tendez-lui une perche pour l'inciter à lâcher le morceau.

Se passer la langue sur les lèvres

Se couvrir la bouche ou se toucher les lèvres peut être un signe de mensonge. Se passer la langue sur les lèvres aussi. Mais avant de croire que c'est le cas, il faut d'abord éliminer deux autres causes possibles : les médicaments et la séduction. Certains médicaments assèchent la bouche. Si vous savez que la personne prend des antidépresseurs ou des stabilisateurs de l'humeur, vous saurez qu'elle a la bouche sèche. C'est un effet secondaire courant de ce genre de médicaments. Y a-t-il lieu de croire que cette personne tente de vous séduire ? Rappelez-vous si elle a passé une main dans ses cheveux, si elle vous souriait souvent, si elle se tenait à proximité et si elle vous effleurait, voire vous touchait. Ces gestes sont tous des marques d'intérêt sexuel. Si la langue sur les lèvres s'accompagne des autres signes énumérés, la personne sort la panoplie du séducteur. Cela dit, elle n'est sans doute pas vraiment attirée par vous. Les personnes séductrices sont en effet plus intéressées à tester leur capacité de séduction qu'à connaître ceux qu'elles tentent de séduire.

Une fois éliminés les médicaments et la séduction, demandez-vous si se passer la langue sur les lèvres est un tic nerveux habituel de la personne, ou traduit un changement. Dans ce cas, est-il accompagné d'autres changements qui surviennent en grappes ? Ces gestes nouveaux sont-ils associés au mensonge ? Quel est le sujet de discussion qui est lié à l'apparition de ces changements ? Autant de questions que vous pourrez approfondir dès que vous serez seul, le plus tôt possible après la conversation, afin de contre-vérifier vos données.

Sourires authentiques ou artificiels ?

Votre collègue vous sourit. Mais est-elle vraiment contente de vous revoir ou bien son sourire est-il une marque de simple politesse ? Vous revoyez un ami de longue date après une absence prolongée. Son sourire est-il sincère ? Lillian Glass considère qu'une personne qui nous accueille avec un sourire forcé ne nous aime pas vraiment. Dans maintes situations sociales, on sourit nerveusement, de manière automatique.

Le sociologue Erving Goffman considère même que le sourire constitue une façon rituelle d'adoucir l'entrée en matière qui permet de dire à l'autre, sans les mots, qu'aucune hostilité ne lui est portée. Pour le subordonné, le sourire constitue une façon de s'attirer les bonnes grâces de la personne dominante. Goffman a aussi constaté que dans les publicités, tout comme dans de la société américaine des années 1970, les femmes sourient plus que les hommes au cours de rencontres mixtes, et de manière plus expansive. Les résultats de mes recherches doctorales portant sur les publicités parues dans des magazines québécois de 1993, abondent dans le même sens[37].

En regardant attentivement un être humain en personne ou en photo, il y a moyen de distinguer le vrai sourire du sourire artificiel, et le sourire déformé du sourire aux lèvres serrées, nerveux ou timide.

37. Cyr, Marie-France, « Parades et modèles de relations homme-femme dans les magazines féminins québécois de 1993 », thèse de doctorat, département de Communication, Université du Québec à Montréal, 1999.

Le vrai sourire

Un vrai sourire exprime une joie sans partage. Nous sourions avec authenticité quand nous sommes contents de voir quelqu'un ou que nous trouvons vraiment drôles ses propos. Comment reconnaître un sourire authentique ? En nous concentrant sur l'ensemble du visage, pas seulement sur le bas. Le vrai sourire ride les yeux. Même les enfants ont les yeux plissés quand ils sourient. Un vrai sourire illumine tout le visage. Les yeux sont éclatants, les pommettes se relèvent, les dents se dévoilent.

Je connais un bel homme qui s'empêche de plisser les yeux quand il sourit de peur de se rider précocement. Cette préoccupation est habituellement l'apanage des femmes, mais elles ne possèdent pas le monopole de la peur de vieillir dans une société comme la nôtre qui valorise la jeunesse plutôt que la sagesse. Cet homme de 39 ans est quand même ridé malgré ses crèmes antirides et ses efforts pour ne pas rire. Ce qui ne l'empêche pas d'être séduisant (on peut être à la fois beau *et* ridé !) Ses sourires artificiels ont néanmoins réussi à semer le malaise autour de lui. Ce n'est pas étonnant que ses employés et sa famille jugent qu'il est superficiel même si ce n'est pas le cas. Je trouve cela navrant !

Le sourire artificiel

Vous rappelez-vous quand vous étiez adolescent et que l'on vous forçait à faire partie de la photo de famille ? Vous vous efforciez d'avoir un grand sourire comme tout le monde, mais vos yeux indiquaient plutôt votre mécontentement de vous plier à ce rituel. Le sourire est facile à imiter, mais un sourire authentique ne se simule pas complètement. Lorsque l'on feint une émotion forte que l'on ne ressent pas, telle que la joie de revoir quelqu'un, l'expression du visage ne peut pas avoir la même intensité. Non seulement les yeux trahissent celui qui sourit par politesse, nervosité ou intérêt, mais les pommettes refuseront de bouger. Seul le bas du visage va sourire. Remarquez les photos de votre album, ou jetez un coup d'œil à des journaux, des magazines et même des couvertures de livres. Cachez le bas du visage et concentrez-vous sur les yeux. Sont-ils plissés ? Leur expression est-elle joyeuse ou hostile ? Dans ce dernier cas, vous saurez qu'il s'agit d'un faux sourire.

Le sourire artificiel dévoile les dents sans faire intervenir les yeux. Montrer les dents est un geste animal reconnu pour son sens offensif : l'animal indique ainsi qu'il est capable de passer à l'attaque si le besoin s'en fait sentir. Nous oublions trop souvent notre côté animal. Un sourire peut être agressif. L'inconscient le perçoit d'ailleurs comme une menace voilée, d'où notre malaise quand on nous gratifie d'un sourire carnassier. Le sourire nerveux peut aussi être un geste de soumission face à une agression potentielle, verbale ou physique.

Le rictus ou sourire déformé

Il arrive que le sourire soit à moitié réussi. Un coin de la bouche se relève tandis que l'autre s'abaisse, dévoilant les vrais sentiments de la personne qui a un rictus ou un sourire déformé. Si vous disposez d'une photo, cachez la moitié gauche du visage et observez le sourire et les yeux. Puis, faites de même avec l'autre moitié. Dans le cas du sourire déformé, vous verrez clairement quelle était l'émotion que la personne a tenté de cacher.

Parfois, ce sont les plis de chaque côté du visage qui retombent malgré l'ébauche de sourire. C'est le cas dans le dessin animé *Pinocchio*, quand le petit pantin fume un cigare avec son nouvel ami dénommé Crapule. Ce dernier lui demande : « Alors, on se marre ? » Pinocchio vient tout juste d'inhaler la fumée et son visage a verdi. Il hoche la tête et esquisse un sourire, mais les traits de son visage retombent vers le bas. En plus, les paupières sont baissées aux trois quarts, révélant deux pupilles qui semblent fixer un point. Le dessinateur a fort bien rendu le sourire déformé du menteur. Les hochements de tête de Pinocchio sont contredits par son faux sourire. En dépit de son acquiescement, il ne s'amuse vraiment pas !

Le sourire aux lèvres pincées

Les petits sourires aux lèvres serrées ou pincées ne sont pas de vrais sourires. La personne se force pour sourire mais n'y parvient pas. Souvent, c'est un sourire nerveux. Gardez cependant à l'esprit que certaines personnes sont gênées de sourire parce qu'elles n'aiment pas leurs dents. Il est aussi possible que le petit sourire d'une personne timide révèle la joie retenue : elle est contente de vous voir, mais n'ose pas vous le montrer trop clairement. C'est souvent le cas quand on connaît peu les gens ou que l'on a un béguin que l'on veut cacher. Ce sont les yeux qui nous trahissent. Si les yeux sourient eux aussi et que les pattes d'oie sont accentuées, la personne est vraiment contente de vous voir même si elle ne montre pas ses dents.

Je fais souvent des petits sourires, surtout quand je rencontre des personnes que je ne connais pas beaucoup ou durant des séances de photos pour les médias. Les seules fois où je souris vraiment durant ces séances, c'est quand le photographe me fait rire, mais ces photos n'ont jamais été sélectionnées jusqu'à maintenant pour publication. Je préfère esquisser un petit sourire, yeux « rieurs », plutôt qu'arborer un grand sourire qui sonne faux.

Qui fait la sourde oreille ?

Au bureau, vous êtes plongé avec délice dans le récit croustillant de votre dernière aventure romantique. Peut-être que votre collègue qui n'a pas de partenaire depuis deux ans ne souhaite pas vous écouter ? Dans ce cas, ses oreilles la démangeront. L'enfant qui ne veut pas entendre les réprimandes parentales se bouche carrément les oreilles. Ce geste subsiste à l'état de vestige chez l'adulte civilisé. Le synergologue Turchet nous met la puce à l'oreille à cet égard. Si votre interlocuteur se gratte le lobe de l'oreille, il n'ose pas vous dire : « Ce que tu dis m'énerve. » Vous lui rapportez un potin juteux et il sent la face externe de l'oreille qui le pique. Son grattement signifie : « Ce que tu dis ne me regarde pas. » Puis, vous lui révélez un détail intime. Il ose glisser un doigt dans l'oreille. Alors là, il aurait préféré ne pas entendre ce que vous venez de dire. Même si son visage n'arbore aucune expression, il ressent certainement une émotion qu'il dissimule soigneusement sous son masque de joueur de poker : l'agacement ou l'ennui. Mais ses mains aux oreilles le trahissent.

Lui plaisez-vous ? Son visage le dit...

Reprenons la situation du chapitre précédent, celle où vous rencontrez quelqu'un qui vous plaît à un cocktail. Concentrons-nous sur la jolie femme. Elle se passe une main dans les cheveux quand elle croise votre regard ? C'est signe que vous lui plaisez. Elle vous jette un regard de côté sans toutefois éviter votre regard. C'est parce que vous l'intimidez, mais cela ne signifie pas qu'elle n'est pas intéressée. Au contraire. Vous osez l'aborder et elle sourit franchement, avec les pommettes relevées, des rides aux yeux. En plus, ses joues s'empourprent légèrement. Vous lui plaisez vraiment. Elle commence à vous regarder plus directement. C'est signe que vous commencez à l'apprivoiser. Ses pupilles sont dilatées, signe de désir ou d'affection. La jolie femme se caresse doucement l'arc-de-Cupidon, cette partie du haut du centre des lèvres, de gauche à droite. Selon Turchet, il s'agit de l'expression d'un désir sensuel. Son corps vous avoue : « J'ai envie de vous. » Par contre, si cette légère caresse était effectuée de haut en bas, le sens serait tout autre : « Le pouvoir que vous avez sur moi m'énerve. Je n'aime pas votre façon d'être avec moi[38] ». La frontière entre le désir et l'agacement ne tient parfois qu'à une différence de direction...

Si vous lui confiez que vous voyagez beaucoup et qu'elle déglutit difficilement avant de répondre, elle vient de trahir son envie. Elle rêve sans doute de voyager, mais n'en a pas les moyens ou n'ose pas voyager seule. Un bon truc pour savoir

38. Turchet, Philippe, *op. cit.*, p. 177.

si une personne vous envie consiste à observer si elle déglutit péniblement après vous avoir entendu lui annoncer une bonne nouvelle qui vous concerne. Vous saurez ainsi qui sont vos vrais amis, ceux qui se réjouissent de vos bons coups, pas de vos malheurs.

Le visage d'un être cher

Une bonne manière de savoir si quelqu'un est vraiment content de vous revoir consiste à observer attentivement son visage au moment où il vous aperçoit. Pour ce faire, il est préférable de ne pas lui donner rendez-vous dans un endroit public. L'idéal est de frapper à sa porte ou de l'accueillir chez vous. Arrangez-vous pour que l'éclairage soit suffisant afin de bien voir ses yeux. Quand on aime quelqu'un, que ce soit d'amour ou d'amitié, il se produit un déclic automatique du sourcil. Pendant une fraction de seconde, les sourcils s'élèvent et se rabaissent pendant que le visage s'illumine d'un vrai sourire, pommettes retroussées et rides accentuées autour des yeux.

Un signe d'intérêt infaillible, quoique difficile à percevoir, est la dilatation des pupilles qu'accompagne une humidification des yeux. Ce signe est plus facile à capter chez les personnes qui ont les yeux pâles. C'est la raison pour laquelle on dit de celles qui ont les yeux foncés qu'elles sont mystérieuses : on voit moins les modifications de leurs pupilles qui se confondent davantage avec l'iris.

Quand une personne vous aime sincèrement, son visage est animé, son regard est vivant et elle vous regarde directement. Ses yeux ne se promènent pas partout. Son regard est doux et accueillant. Sa bouche est détendue et sa mâchoire est légèrement relâchée, sans tension. Les dents du bas ne touchent pas celles du haut. Ce type d'expression faciale révèle que la personne est ouverte, se sent en sécurité et a confiance en vous. Bien entendu, si cette personne vous aime mais qu'elle se sent tourmentée, stressée ou inquiète, vous pourrez le capter sur son visage. Ce ne sera pas signe qu'elle vous rejette. Vous n'aurez qu'à lui tendre une perche pour qu'elle se confie à vous, ce qu'elle fera sans doute, puisqu'elle vous aime et vous fait confiance.

Chapitre 6

Code vocal : la voix en dit plus que les mots

Qui ne gueule pas la vérité quand il sait la vérité, se fait complice des menteurs.
CHARLES PÉGUY

Avez-vous déjà demandé à un boudeur ce qu'il avait, pour vous entendre rétorquer sèchement : « Rien » ? Son ton de voix, qui tranchait avec le mot, vous a révélé la vérité : il était fâché. Ce n'était pas « rien ». J'en parle dans *Arrête de bouder !* Un boudeur est aussi un peu menteur... Vous souvenez-vous d'avoir rencontré une personne attirante et vous être détourné d'elle dès qu'elle a ouvert la bouche ? Être sensible à la voix, percevoir le code vocal est une expérience neurobiologique. Nous réagissons viscéralement aux sons. Nous aimons ou n'aimons pas une voix, un son. Nous tolérons ou ne tolérons pas.

Ce qu'une personne pense et ressent au fond d'elle-même émerge dans le ton de sa voix. Tout passe dans la voix : résignation, joie, impatience... Si les propos sonnent faux, la voix dit vrai. La voix est le baromètre de ce qui est ressenti. Le ton de voix d'une personne parle haut et fort de son état d'esprit, de sa santé mentale et de ce qu'elle ressent à votre égard.

Le code vocal est universel. Ouvrez votre télévision et regardez un feuilleton ou un téléroman dans une langue étrangère. Vous ne comprendrez rien aux paroles échangées, mais vous saisirez quelles émotions ressentent les personnages uniquement grâce au ton de leur voix. Il est facile de décoder le ton d'une personne qui boude, qui est triste ou fâchée et ne cherche pas à masquer son état. Quand nous acceptons de montrer nos émotions par le biais de notre voix, le message est clair. Mais un soupçon d'anxiété, une pincée d'embarras ou de peur passent inaperçus si nous ne portons pas une attention particulière à la voix. Le code vocal est celui qui peut passer le plus inaperçu. Il est si bien dissimulé par les paroles, les gestes et l'expression faciale. On peut également feindre un ton de la voix afin de manipuler les autres.

Après avoir lu ce chapitre, vous saurez quelles émotions se cachent derrière les variations dans le débit, le volume et la hauteur de la voix, en plus de distinguer quelques styles de voix qui peuvent manquer de sincérité. Au lieu de vous baser seulement sur les paroles, vous ferez plus confiance au ton. Quand on vous dira : «Je vais bien», vous saurez ce que cette formule conventionnelle veut vraiment dire au moment où votre interlocuteur l'énonce, plutôt que de vous fier à son contenu. Vous vous éviterez ainsi des déceptions, car vous saurez à l'avance, d'après le ton de voix, si les promesses seront tenues.

Test : Entendez-vous la voix derrière les mots ?

Rappelez-vous votre dernière conversation et répondez sur une feuille aux questions suivantes par «Oui», «Non» ou «Je ne sais pas».

1. La voix est-elle trop haut perchée ?
2. La personne parle-t-elle si bas que vous l'entendez à peine ?
3. La voix est-elle tremblotante ?
4. Parle-t-elle trop vite ?
5. Vous donne-t-elle l'impression d'«attaquer» les sons lorsqu'elle commence à parler ou durant la conversation ?
6. La voix meurt-elle à la fin des phrases, rendant les derniers mots difficiles à saisir ?
7. La voix est-elle morne, ennuyeuse, sans vie ?

8. La voix est-elle douce et mielleuse, tandis que le ton monte et descend de manière exagérée ?
9. La personne parle-t-elle lentement et posément, en articulant exagérément chaque mot ?
10. Utilise-t-elle une voix aguichante, qui vous paraît artificielle ?

Plus vous avez répondu souvent « Oui » et « Non », meilleure est votre connaissance du sens de la voix. Plus vous avez répondu « Je ne sais pas », moins vous vous fiez à la voix pour comprendre le message et plus vous faites confiance aux mots.

La voix et les émotions

« Comment ça va ? » Nous entendons cette question des dizaines de fois par semaine. La réponse attendue et répétée encore et encore est : « Bien. » Cette réponse standard peut avoir une multitude de sens suivant le ton de la voix. Personne n'exprime complètement ses sentiments, ses malaises et ses tourments. Grâce à la voix, nous pouvons habituellement détecter les tensions et les émotions. Nous pouvons identifier avec succès l'état émotif d'une personne dans 60 % à 65 % des occasions, selon Glass. Ce pourcentage augmente quand nous écoutons vraiment l'autre et que nous sommes attentifs à sa voix. Écoutez bien avec quel ton les membres de votre entourage vous disent que « ça va bien ». C'est l'unique indice qui vous informe vraiment de leur état de bien-être, pas leurs mots. La formule « Je vais bien, merci » est conventionnelle et remplit essentiellement une fonction phatique, c'est-à-dire qu'elle sert à maintenir le contact avec l'autre.

Chaque conversation comporte deux registres de dialogue. L'un utilise les mots, l'autre le ton de la voix. Parfois les deux s'accordent, mais souvent ils sont discordants. Nous sommes habitués à jouer ainsi à la cachette émotionnelle. Nous ne dévoilons pas clairement nos émotions, mais nous les laissons transparaître dans notre voix. Au lieu de dire ce que nous avons sur le cœur, nous soupirons, nous adoptons une petite voix douce, nous répondons par monosyllabes. Ce faisant, nous espérons que notre interlocuteur finira par demander : « Qu'est-ce qui ne va pas ? » Cette question nous donne la permission que nous attendions pour nous ouvrir et vider notre sac. Ce comportement peut sembler malhonnête et manipulateur, mais il est le produit de notre socialisation. Nous avons tous appris à taire nos sentiments négatifs pour ne pas froisser les autres. Nous employons donc le ton de la voix pour faire passer nos messages. Notre société est basée sur des petits mensonges collectifs de ce genre qui permettent de fonctionner sans trop d'accrochages et de huiler les rouages qui grincent.

L'ANALYSEUR VOCAL EST-IL FIABLE ?

Lors du troisième affrontement télévisé entre George W. Bush et Al Gore, le 17 octobre 2000, les deux candidats à la présidence américaine ont été soumis à Truster, un analyseur vocal. Ce logiciel a repéré de nombreuses exagérations et déformations confinant au mensonge dans la voix des politiciens : 23 pour Bush contre 57 pour Gore. Les analyseurs vocaux détectent les infimes tremblements des cordes vocales, imperceptibles à l'oreille, produits par les personnes qui se trouvent en situation de stress. L'idée sous-jacente est que le menteur qui doit contrôler ses propos accuse plus de stress que lorsqu'il dit la vérité. À l'instar du polygraphe, cette technique est loin d'être fiable à 100 %. « Dans sa première version, le logiciel avait cru Bill Clinton quand celui-ci affirmait ne pas avoir eu de relations sexuelles avec Monica Lewinski...[39] » L'ancien président a nié avoir menti, puisqu'à ses yeux une fellation n'est pas une relation sexuelle. Depuis cette affaire, d'innombrables adolescents américains faussent les sondages en se déclarant abstinents sexuellement !

39. « Les nouveaux détecteurs de mensonge », *op. cit.*, p. 65.

Mentir à voix basse

Le changement de volume de la voix constitue un excellent indicateur du niveau d'énergie de la personne au moment où elle communique. Une émotion agréable est liée à une hausse d'énergie et vice-versa. Les variations de volume reflètent les variations émotives. Sachez les capter, car elles vous renseignent sur l'état émotif de votre interlocuteur.

Hausse de volume

Le volume de la voix augmente sous l'effet de l'excitation, de la peur ou de la colère chez les personnes dont la constante n'est pas de parler fort. C'est également une façon d'attirer l'attention. À l'inverse, selon Lillian Glass, qui a établi une corrélation entre les modèles vocaux et la personnalité, la voix toujours trop forte traduirait beaucoup de colère et d'hostilité refoulées.

Baisse de volume

Baisser le ton peut être un moyen de minimiser l'accent que l'on veut mettre sur un sujet particulier parce que l'on ne veut pas attirer l'attention. Ainsi, une amie avec qui je dînais au restaurant a soudainement baissé la voix quand elle a commencé à parler de sexualité. Elle craignait d'attirer l'attention des autres personnes, même si celles-ci étaient loin de nous et ne pouvaient pas nous entendre.

Pour ce qui est des personnes dont le volume de voix est toujours trop bas, elles donnent l'impression d'être douces et timides. Leur personnalité serait pourtant à l'opposé, selon Glass, et elles seraient l'inverse de la douceur et de la timidité. Un ton de voix très bas oblige en effet les autres à se rapprocher, à leur demander constamment de répéter. Cela leur confère un certain contrôle sur leur entourage. Il peut également s'agir d'une stratégie de manipulation. Dimitrius affirme que la voix trop douce peut aussi être un signe de mensonge, quand elle est jumelée à d'autres symptômes.

Une personne qui baisse la voix en fin de phrase donne l'impression que ce qu'elle affirme n'est pas important. Glass a observé que les gens qui ne finissent pas ce qu'ils entreprennent ont souvent tendance à baisser le ton pendant qu'ils parlent.

Chez des personnes dont la constante n'est pas d'avoir une voix faible, la diminution du volume peut exprimer la tristesse, la déprime ou le retrait de la communication. Notez si les épaules de ces personnes sont basses et leur dos voûté. Ce sont des signes de tristesse ou de déprime passagère.

Une baisse de ton peut aussi être un signe de mensonge dans certains cas. C'est comme si la personne se disait inconsciemment : « Tant qu'à mentir, faisons-le tout bas. »

La hauteur de la voix

La voix aiguë est souvent associée au mensonge. La gravité de la voix peut révéler aussi la dissimulation.

La voix aiguë

Quand les muscles du larynx se contractent, la voix prend de la hauteur. Elle devient plus aiguë sous l'emprise d'une réaction interne forte : excitation, frustration ou colère, en général. Notre voix peut aussi se faire plus aiguë quand nous sommes très nerveux ou que nous manquons de confiance en nous ou dans l'autre. C'est le cas pour bien des personnes qui reçoivent chez elles. La prochaine fois que vous serez invité à dîner, écoutez la voix de l'hôtesse quand elle vous invitera à passer à table. Avec la multiplication d'émissions et de livres sur l'art culinaire, recevoir est devenu une grande cause de stress. Les hôtes souhaitent mettre les invités à l'aise, mais leur voix plus aiguë que d'habitude trahit leur nervosité et gêne les invités, malheureusement.

Avez-vous vu les films *Pinocchio* et *Jakob le menteur?* Ils comprennent de bons exemples de voix aiguës provoquées par le mensonge.

Pinocchio et Jakob le menteur : leurs voix ne trompent pas !

Sur le chemin de l'école, Pinocchio rencontre le renard et son acolyte qui l'incitent à faire l'école buissonnière. Mais Pinocchio se fait rappeler par Jiminy, le grillon qui lui sert de conscience, qu'il a promis d'aller à l'école. Pinocchio parvient à se défaire de ses faux amis et s'en va. Le renard tente de l'amadouer en lui disant des faussetés d'une voix mielleuse et suraiguë. C'est la frustration de voir le pantin partir qui rend sa voix si aiguë. Il compte le vendre au directeur d'un spectacle de marionnettes. Il réussit à accrocher Pinocchio en lui faisant miroiter la renommée. Pinocchio obtient un grand succès durant le spectacle, mais il se fait ensuite enfermer dans une cage à oiseaux. Heureusement, la fée bleue intervient pour le libérer. Mais elle l'interroge avant. Pinocchio ment pour expliquer pourquoi il n'est pas allé à l'école. Il a débuté avec la vérité, mais il enchaîne ensuite un mensonge après l'autre. Il fait comme s'il s'était fait capturer par des monstres pendant qu'il allait à l'école. Plus il ment, plus son nez s'allonge. La fée lui demande si c'est bien vrai et il s'exclame d'une voix de fausset : « Je te jure. Je n'ai dit que la vérité. » Sa voix fluette devient encore plus aiguë à la fin de la phrase pendant que son nez s'allonge encore et qu'apparaît un nid d'oiseaux à son extrémité. C'est sous l'effet de la peur que sa voix prend de la hauteur. La fée réplique sagement : « C'est ainsi qu'un mensonge grandit, grandit, jusqu'à ce qu'il se voie comme le nez au milieu de la figure. » Devant l'évidence, Pinocchio se met à pleurer et raconte enfin la vérité.

Dans le film *Jakob le menteur*, dont l'action se déroule dans un ghetto polonais durant la Deuxième Guerre mondiale, Jakob prétend avoir un poste de radio alors que c'est interdit par les Allemands. Il divulgue de fausses nouvelles afin de donner espoir à ses compatriotes qui supportent les exigences et la violence des Allemands. Il a recueilli une petite fille qui s'est échappée d'un train à destination d'un camp de concentration. Il lui ment aussi en lui annonçant l'arrivée des Russes. L'enfant lui demande : « C'est bien vrai ? » Jakob s'empresse de lui répondre : « Je te mentirais à propos d'une chose pareille ? » Sa voix devient plus aiguë pendant qu'il prononce ce nouveau mensonge.

La voix grave

Une voix qui perd de sa hauteur indique un besoin de se retirer du sujet de conversation. La voix qui devient plus grave signifie que la personne parle d'un sujet qui la déprime ou qu'elle a la volonté de masquer que le sujet la touche. Pensez aux présentateurs des journaux télévisés : leur voix baisse quand ils annoncent le décès d'une personnalité publique ou une catastrophe.

Le débit débusqué

Le débit est le nombre de mots qu'une personne prononce dans un temps donné. Un changement de débit indique qu'il y a un changement dans la réaction émotive de la personne à propos du sujet discuté. Si c'est le cas, il importe d'en tenir compte et de s'ajuster en conséquence. Walters a observé un changement marqué de débit chez les personnes qui s'apprêtent à transmettre une information qui les met mal à l'aise ou parce que leurs propos peuvent susciter la colère de leur interlocuteur.

L'accélération du débit

L'augmentation du débit est souvent due à la colère, la nervosité, l'impatience, la peur et l'excitation. Pensez à un enfant qui revient d'une fête et parle vite pour tout raconter. Le débit peut également augmenter si ce qui est dit a été répété à plusieurs reprises. Pensons à l'adolescent qui se redit à lui-même maintes fois ce qu'il va raconter à son père pour lui expliquer comment il a endommagé son automobile… Il invente une version des faits, puis s'exerce à la répéter afin de minimiser la colère paternelle. La peur d'être pris en flagrant délit de mensonge peut aussi inciter le menteur à parler plus vite. Il se dépêche ainsi de s'expliquer avant que l'autre se fâche. Dans certains cas, une personne raconte un événement et se surprend à mentir, ce qui cause une incohérence dans son discours. Elle parle plus vite pour essayer de rendre son récit cohérent. Plus elle ment, plus son débit s'accélère. L'augmentation du débit peut donc signaler le mensonge. C'est le cas de Pinocchio et de Jakob le menteur. Dans ce cas, celui qui se met à parler vite tente d'obscurcir la vérité par un barrage de mots.

Le ralentissement du débit

Le ralentissement du débit est lié à la tristesse, au désintérêt et à la difficulté d'aborder un sujet spécifique. Si votre interlocuteur parle normalement et qu'il ralentit soudainement son débit, cela peut vouloir dire qu'il mesure ses mots ou cherche un prétexte pour ne pas dire la vérité. Chez certaines personnes, le ralentissement du débit peut être un symptôme de mensonge. Il est un indice qui pointe dans cette direction, sans constituer une preuve. Votre interlocuteur peut avoir d'autres raisons de se mettre à parler plus lentement. Il tente peut-être de faire valoir quelque chose d'important pour lui. Il peut aussi être anxieux, confus, triste ou fatigué. Observez son corps. Au besoin, demandez-lui s'il est fatigué ou triste. Cette question est peut-être la perche dont il a besoin pour s'ouvrir.

Des styles de voix et de leurs sens

Des études démontrent que les traits de personnalité peuvent être inférés à partir des caractéristiques vocales et discursives. En outre, la manière dont une personne s'exprime affecte significativement la perception que les autres ont d'elle.

Quand on tente de décoder une voix, il est de première importance de faire la distinction entre la voix constante d'une personne et une altération passagère. La première révèle la personnalité, la seconde n'est que le reflet d'un état émotif temporaire. La personne colérique a presque constamment une voix forte et aiguë. C'est son type vocal, sa constante. La personne joviale qui se fâche fait soudain montre d'un changement de voix remarquable. Nous prenons sa colère d'autant plus au sérieux qu'elle n'est pas fréquente. Il s'agit d'une déviation de son code vocal habituel.

La voix tremblante

Ceux dont la voix tremble sont souvent fâchés ou nerveux, d'après Glass. Ils s'inquiètent beaucoup de l'opinion d'autrui et de ce qui pourrait leur arriver. Certains psychotropes qui régulent l'humeur altèrent la qualité de la voix et peuvent causer des tremblements. Dans ce cas, c'est le médicament et non pas l'émotion qui est en cause. Le trac peut aussi causer des tremblements de la voix chez des personnes qui ne sont pas habituées à parler en public. Si une personne vous assure que tout ira bien mais que sa voix tremble, fiez-vous à sa voix. Elle s'inquiète de ce qui pourrait survenir, mais ne veut pas vous alarmer. Une personne franche qui se surprend à mentir pour se protéger ou protéger ceux qu'elle aime peut avoir des tremblements dans la voix. Elle est nerveuse et a peur de se faire surprendre.

Par exemple, vous demandez à votre collègue comment vont son fils et son mari. Elle répond : « Ils vont bien », avec de légers tremblements dans la voix. En fait, son fils lui a demandé de ne pas révéler que sa conjointe et lui sont en instance de divorce. Elle ne peut donc pas vous dire la vérité sans le trahir. Mais elle se sent mal à l'aise de mentir, car l'honnêteté fait partie de ses valeurs fondamentales. Cependant, la solidarité familiale constitue une valeur qui la surpasse, d'où le choix qu'elle a fait de mentir à sa collègue.

La voix délibérément séductrice

Quand une personne est excitée sexuellement, sa voix devient plus grave. Remarquez cela la prochaine fois que vous ferez l'amour. C'est physiologique ! Les séducteurs, quant à eux, baissent délibérément la hauteur de leur voix pour simuler et susciter le désir. Quand une personne vous parle avec une voix *sexy*, haletante et séductrice, soyez assuré qu'elle joue un jeu. Elle cherche à tester son pouvoir d'attraction et utilise les autres pour se valoriser. Il peut être particulièrement décevant pour vous d'entendre cette personne s'adresser ainsi à un nouvel arrivant si vous aviez l'impression qu'elle s'intéressait à vous. Les personnes qui adoptent ce type de voix ne doivent pas être prises au sérieux. En effet, selon Susan Hayden Elgin, professeur de linguistique à l'Université de San Diego, les personnes à la voix séduisante ne sont ni fiables ni sincères. Elles utilisent leur voix à la Marilyn Monroe ou à la Clark Gable pour manipuler les autres et arriver à leurs fins. Un truc consiste à ne pas leur accorder l'attention qu'elles désirent. Vous les entendrez vite revenir à leur voix normale, moins artificielle, ou elles se mettront en quête d'une proie plus facile.

La voix mielleuse

Tout comme les voix séductrices, les voix mielleuses sont artificielles. On ne naît pas avec des voix comme cela. On apprend à y recourir parce qu'on est récompensé de le faire. Vous ne pouvez pas vous fier à une voix mielleuse tout simplement parce qu'elle n'est pas une « vraie » voix. Il n'est pas normal d'être toujours content, amical et doucereux. Les gens normaux éprouvent un éventail d'émotions qui sont reflétées par la voix. Quand une personne opère toujours sur la même tonalité, c'est qu'elle se force pour moduler sa voix ainsi. Elle n'est pas sincère.

Si une personne adopte subitement une voix mielleuse, sans que ce soit sa constante, soyez assuré qu'elle a une faveur à vous demander. Bien des gens adoptent une voix mielleuse pour embobiner leur entourage et les mettre de leur côté. Ne soyez pas dupe !

Un mensonge mielleux

Chrystelle vit avec Joachim depuis cinq ans. Au début de leurs fréquentations, alors qu'ils travaillaient tous les deux pour la même corporation, située à Lyon, elle le trouvait trop indépendant, pas assez impliqué émotionnellement. À Paris, lors d'un congrès dont elle était l'organisatrice, elle recevait les félicitations de tout un chacun sur le succès de l'événement. Mais à son grand désespoir, aucun compliment n'émanait de Joachim. Elle eut soudain une idée. De retour au bureau, deux jours plus tard, elle se fit livrer un énorme bouquet de fleurs exotiques avec un carton sur lequel était écrit : « Félicitations à une organisatrice hors pair, si charmante et jolie. Signé : un admirateur. » Elle se précipita dans le bureau de Joachim pour le remercier chaleureusement. Il avoua qu'il ignorait de quoi il s'agissait. Chrystelle lui sourit et murmura d'une voix mielleuse : « Voyons Joachim, qui d'autre que toi m'aurait envoyé d'aussi belles fleurs avec un si joli message ? » Intrigué, il entra dans son bureau et examina les fleurs et le carton. Il admit candidement que ce n'était pas de lui. « Oh ! J'ai donc un admirateur secret, susurra Chrystelle. J'aurais tellement aimé que cela vienne de toi. » Sa voix prit des inflexions accentuées et se fit doucereuse. Deux semaines plus tard, elle reçut le bouquet tant convoité : deux douzaines de roses rouges avec une douce missive de son Joachim qui ignore encore la manœuvre que Chrystelle a utilisée pour gagner son cœur et se faire offrir des fleurs.

La voix frénétique

On peut sentir la frénésie et l'agitation dans la voix de certaines personnes verbo-motrices qui ne nous laissent pas placer un mot. Leur bouche ressemble à un canon qui projette des boulets verbaux sans répit. Leur vie émotionnelle ressemble à des montagnes russes. Quand elles racontent leurs hauts et leurs bas, nous avons l'impression que leur existence est un roman plein de rebondissements. Ces personnes aiment occuper le devant de la scène et leur style de voix leur sert à capter et retenir l'attention. Glass et d'autres chercheurs qui ont étudié le lien entre la voix et l'émotion ont découvert que ceux qui parlent à un rythme aussi rapide et frénétique manifestent ainsi leur colère refoulée. Pour cette raison, ils peuvent facilement entrer en conflit avec les autres et exploser de colère. Leur ton de voix vous aura averti...

Ce type vocal est également fréquent dans les désordres bipolaires. En état de manie, un maniaco-dépressif aura tendance à s'emballer et à être très dynamique. Avant de vous enrôler dans les projets d'une personne qui déborde d'enthousiasme, ayez la prudence de vérifier s'il s'agit d'une personne atteinte d'un trouble bipolaire. Vous vous éviterez des déceptions…

La voix sèche

On essaie parfois d'être aimable avec les gens qui nous dérangent et nous interrompent, mais la sécheresse de notre voix trahit notre désagrément. Quand une personne qui a un ton de voix habituellement enjoué nous répond sèchement, nous sommes assurés de la déranger. Ce ton de voix qui survient chez beaucoup de gens de manière temporaire révèle l'irritation, la frustration ou l'impatience. Les personnes qui ont constamment ce ton de voix révèlent la sécheresse de leur cœur. Elles doivent beaucoup souffrir dans leur désert intérieur.

Le mendiant imposteur

Dans le quartier de Côte-des-Neiges, à Montréal, un homme maigre, aux cheveux gris, mendie souvent. Assis sur le sol, paumes tendues en signe de soumission et d'honnêteté, il répète sèchement : « Un peu de monnaie. » Son ton de voix contraste avec son attitude soumise qui se veut honnête. Parfois, il se comporte comme un débile léger. Je lui ai déjà donné des amandes et du chocolat et il m'a lancé d'un ton sec : « J'en veux pas de tes cochonneries, je veux de l'argent. » Plus tard, je l'ai revu dans le quartier du Plateau Mont-Royal. Il n'avait plus du tout son air piteux qui attendrit les passants. Il portait un baladeur et marchait la tête haute, le menton relevé avec arrogance. Je l'ai vu passer devant une auto et cracher par terre. Dans ce quartier, il avait l'air d'un voyou arrogant. Dans l'autre, il fait semblant d'être démuni pour toucher les passants qui ont besoin de se donner bonne conscience. Mais sa voix sèche trahit sa véritable personnalité.

La voix morne

Les personnes qui parlent constamment avec une voix morne sont perçues comme des êtres apathiques, distants, qui ne se préoccupent pas des autres et refoulent leurs émotions. Souvent, elles ne sont pas en contact avec leurs sentiments, ce qui explique que leur voix ne varie pas. Elles gardent une distance vocale et émotionnelle avec leur entourage. Les personnes en dépression ou qui sont habitées en permanence par un fond de tristesse ont ce type de voix. Leur ton désengagé et sans vie garde les autres à distance. Normalement, une conversation constitue une expérience dans laquelle on donne et on reçoit. Il peut s'avérer frustrant de converser avec une personne à la voix morne. On en sort drainé, surtout quand on tente de compenser le manque de vitalité de l'autre par un excès d'enthousiasme.

Si vous parlez avec une personne à la voix généralement animée et qu'elle adopte soudainement un ton de voix ennuyé et monotone, soyez assuré que quelque chose cloche. Peut-être avez-vous dit quelque chose qui la déprime ? Ou bien elle est fâchée et il est dans son tempérament d'exprimer la colère par un ton de voix morne, plutôt que de hausser le volume et de prendre une tonalité aiguë comme la plupart des gens font. Il y a trop de gens qui ne sont pas capables de dire ce qu'ils ressentent vraiment et se réfugient derrière une voix morne. Plutôt que d'encourager leur simulation, tendez-leur une perche en leur demandant si vous avez dit quelque chose de blessant ou de fâcheux.

La jeune menteuse maussade

Durant l'été 1998, je m'occupais de trois jeunes orphelines tout en supervisant mes étudiants. Au début, je m'occupais seule des repas et de toutes les tâches ménagères, en plus de promener le chien. Je me suis vite rendu compte que je n'avais plus de temps pour corriger les travaux. J'ai donc demandé aux filles de me donner un coup de main. Un soir, alors que je m'apprêtais à mettre la table, j'ai demandé à l'aînée, âgée de 14 ans, si elle l'avait lavée. Elle a rétorqué « Oui » d'un ton morne, sans vie. Je me suis dit qu'elle traversait sa crise d'adolescence, mais un doute m'a traversé l'esprit. J'ai donc passé mon doigt sur la table et il est devenu poussiéreux. Je lui ai montré mon doigt sali sans rien dire. Elle ne pouvait pas me contredire devant la preuve. Elle s'est emparée d'un chiffon et a nettoyé la table en maugréant. Puis, elle a passé la soirée à bouder. J'ai compris qu'elle était fâchée de devoir m'aider. Son ton de voix morne puis sa bouderie offensive indiquaient sa colère contenue. Par la suite, je ne lui ai plus fait confiance et j'ai vérifié systématiquement ce qu'elle disait faire, ce qui a eu l'heur de lui déplaire, bien entendu. Si c'était à recommencer, je lui ferais de nouveau confiance car la méfiance mine les relations.

Rappelez-vous les règles de Walters

Les émotions ne sont pas seules à affecter la voix. Les problèmes oraux ou dentaires, la surdité, la maladie de Parkinson, les dialectes, les accents, la culture ainsi que les drogues peuvent tous altérer la voix. Sans oublier le désir et la fatigue…

L'interprétation du code vocal doit tenir compte du comportement normal d'une personne. La colère n'affectera pas de la même manière la voix de tout le monde. Une personne calme et équanime, par exemple, pourra être encore plus calme sous l'emprise de la colère. Elle ne haussera pas la voix. Seule sa respiration forte et rapide indiquera qu'elle est en colère.

Le contexte est très important dans la détermination du sens de la voix. La signification d'une caractéristique vocale peut diminuer, voire être annulée complètement dans certains environnements. Une personne qui parle fort dans une soirée diffère d'une personne qui parle fort dans une bibliothèque. L'une aura un comportement normal dans un contexte bruyant tandis que l'autre manifestera un manque de respect et de considération pour autrui (à moins qu'elle avertisse les gens d'un début d'incendie !). En outre, il faut prendre en considération l'environnement dans lequel se déroule un entretien. Une cour de justice est un lieu qui intimide la plupart des gens. Dans certains endroits, comme les hôpitaux, les prisons et les salons funéraires, la majorité des gens se sentiront mal à l'aise. Leur ton de voix reflétera davantage leur inconfort que leur personnalité ou leurs émotions. Les gens sont généralement gênés dans les endroits peu familiers et leur ton de voix le reflète.

Pour déterminer la véritable émotion d'une personne, il faut comparer sa voix avec les mots qu'elle emploie, ses gestes et ses expressions faciales. Tous les codes sont-ils synchronisés ou y a-t-il cacophonie ? Par exemple, votre enfant vous promet de mettre sa chambre en ordre si vous acceptez qu'il joue une demi-heure de plus à l'ordinateur. Sa voix se fait mielleuse, son sourire large est artificiel. Allez-vous le croire ? Il est en mode séduction pour obtenir ce qu'il désire. Proposez-lui de ranger sa chambre durant 10 minutes, minuterie à l'appui, avant de continuer son jeu… Vous aurez l'heure juste !

Les déviations de la constante vocale donnent des indices pour comprendre les gens. Cette compréhension nous place en meilleure posture pour offrir un soutien à ceux qui en ont besoin, dans le cas où une personne prétend qu'elle va bien alors qu'elle est déprimée, par exemple. Nous pouvons cerner la vérité sous des paroles cachottières ou mensongères quand nous écoutons vraiment la voix au lieu de juste entendre les mots.

Le code vocal du menteur

Le menteur habituel parle vite, d'une voix aiguë. Mais les menteurs occasionnels qui se sentent coupables préfèrent mentir à voix basse, selon Glass. Le menteur qui ne s'est pas préparé à mentir parle plus lentement, car il cherche ses mots. Certains menteurs rationnels adoptent un ton de voix morne. Ils parlent de façon méthodique, car ils réfléchissent à ce qu'ils vont dire. Ils doivent inventer quelque chose de cohérent qui s'appuie sur la réalité. Ils brodent un scénario et cela occupe leur espace mental, pas leurs émotions. D'autres menteurs sont plus nerveux. Ils craignent de se faire surprendre et leur stress est apparent. Leur voix peut être pleine d'entrain et débordante de vitalité. Ils peuvent parler plus vite pour se libérer du mensonge et étourdir leur interlocuteur. Les plus habiles noient le mensonge sous un flot de paroles véridiques et vérifiables. Leur ton de voix peut être plus aigu quand ils ne sont pas francs. Devant cette panoplie de possibilités, la seule observation du code vocal de la personne ne permet pas de détecter le mensonge. La voix fournit cependant des indices qu'il ne faut pas négliger. Jumelées à d'autres symptômes de mensonge, les modifications de la voix peuvent s'avérer très significatives et révéler un manque de congruence avec les paroles. Alors, ouvrez bien grandes vos oreilles et allongez vos antennes !

Chapitre 7

Code verbal : savoir lire entre les lignes

La parole a été donnée à l'homme
pour déguiser sa pensée.

TALLEYRAND

Quand nous écoutons vraiment l'autre et le laissons parler assez longtemps, il dit tout ce que nous avons besoin de savoir, et je dis bien *tout*. Quand nous parlons assez longtemps, nous laissons toujours échapper des informations révélatrices. Les fuites verbales peuvent déterminer l'état psychologique d'une personne ainsi que son honnêteté. Avec tous les efforts que le menteur fait pour contrôler son discours, il ne génère pas beaucoup de signaux verbaux qui indiquent le mensonge, mais quand ces signaux surviennent, ils sont extrêmement importants. Bien écouter, poser les bonnes questions et lire entre les lignes est un art qui s'apprend.

Test : Savez-vous lire entre les lignes ?

Pensez à une conversation que vous avez eue récemment avec une personne à laquelle vous n'êtes pas certain de pouvoir faire confiance. Répondez sur une feuille par « Oui », « Non » ou « Je ne sais pas » aux questions suivantes.

1. Cette personne émet-elle des remarques désobligeantes suivies de « mais je plaisantais... » lorsqu'elle se rend compte de votre réaction négative ?
2. Vous interrompt-elle souvent ?
3. Est-elle un moulin à paroles ?
4. A-t-elle coutume de commérer sur les autres ?
5. Vous en dit-elle plus que vous ne voulez en apprendre ?
6. Se montre-t-elle indirecte ou évasive, tourne-t-elle autour du pot, prend-elle beaucoup de temps à entrer dans le vif du sujet ?
7. A-t-elle tendance à répondre : « Je ne sais pas » lorsque vous lui posez une question ?
8. La prenez-vous toujours en flagrant délit de mensonge ou d'exagération ?
9. A-t-elle tendance à dévier du sujet ?
10. Bégaie-t-elle ?
11. Marmonne-t-elle ?
12. Ses phrases sont-elles fragmentées, ses idées difficiles à suivre ?
13. Hésite-t-elle, pèse-t-elle ses mots soigneusement avant de parler ?
14. Est-elle avare de mots, de réponses ? Est-il difficile de lui arracher les mots ?
15. Rit-elle nerveusement ?

Plus vous avez répondu « Oui » et « Non », plus vous êtes conscient du « sous-texte » quand l'autre vous parle. Plus vous avez répondu « Je ne sais pas », moins vous savez lire entre les lignes.

Après avoir lu ce chapitre, vous pourrez identifier correctement plusieurs types de comportements verbaux qui peuvent être liés au manque de sincérité ou au mensonge. Vous saurez comment lire entre les lignes quand vous converserez avec votre entourage.

Les dysfonctions verbales liées au mensonge

Puisqu'il est psychologiquement impossible de penser à deux choses à la fois, demandez-vous à quoi doit penser un menteur. Premièrement, il doit se souvenir de ce qu'est la vérité. Deuxièmement, il doit penser au mensonge qu'il s'apprête à dire. En troisième lieu, il doit se rappeler les mensonges précédents. Il doit aussi s'assurer que le nouveau mensonge soit cohérent avec les anciens. Enfin, il doit inventer un mensonge facile à se rappeler. En plus, il doit dissimuler son stress et contrôler les signaux verbaux et non verbaux qui pourraient le trahir. Pour finir, le menteur doit s'assurer d'être cru afin d'éviter les conséquences négatives qu'engendrerait le fait d'être surpris en train de mentir. Dans ces circonstances, il n'est pas étonnant que la clarté de sa pensée soit affectée ! Les dysfonctions verbales constituent des indices de confusion mentale et de manque de clarté pouvant indiquer le mensonge. Les menteurs balbutient, hésitent, marmonnent plus que les personnes qui disent la vérité. Ils ont davantage tendance à mal articuler, à omettre des mots, à se répéter et à rire nerveusement. Cela ne veut pas dire que toute dysfonction verbale est mensongère, mais c'est une piste à considérer, parmi les autres pistes possibles.

Le balbutiement

Généralement, nous balbutions quand nous parlons avant d'avoir censuré une information ou décidé de ce que nous allons dire. Le balbutiement est une sorte de croc-en-jambe de notre mécanisme de censure qui veut nous éviter de perdre la face. Le menteur balbutiera quand la vérité s'apprête à sortir de sa bouche et qu'il la retient au dernier moment.

Le bégaiement

Chez les personnes qui ne sont pas bègues, le bégaiement survient quand elles essaient de parler trop vite parce que de multiples pensées les animent et tentent de s'exprimer en même temps. Dans le cas d'un menteur, il peut s'agir de deux mensonges qui se précipitent avant qu'il ait eu le temps de faire un choix. Cela survient quand la personne se sent « coincée », car elle n'a pas eu le temps de préparer une excuse, pour expliquer pourquoi elle n'a pas fait ce qu'elle devait faire, par exemple.

La pause et l'hésitation

Il est normal de faire des pauses dans son discours, à moins d'être un verbo-moteur. Les pauses permettent à celui qui parle de respirer et à l'interlocuteur de mieux absorber ce qu'on lui dit. De très longues pauses et des hésitations fréquentes indiquent cependant que la réponse n'a pas été préparée. Si la personne ment, elle improvise assurément. Si nous n'avons jamais réfléchi à une question, il est normal que nous hésitions car nous réfléchissons tout en parlant.

Walters a observé que le délai de réponse des menteurs, lorsqu'ils mentent, est plus long que le délai moyen de réponse de personnes qui ne mentent pas. Mais cela dépend aussi du comportement habituel de la personne. Cette observation ne s'applique pas aux personnes qui hésitent souvent et n'ont pas du tout le don de l'éloquence. Si une personne marque une pause avant de répondre à votre question, vous pouvez faire l'hypothèse qu'elle songe à mentir ou tente d'éluder la réponse. Dans ce cas, elle répondra de manière évasive. « Boire de l'alcool diminue aussi le temps que chaque sujet met pour répondre à une question, comme le démontre une recherche récente menée par des chercheurs de Duke[40]. »

Les personnes qui émaillent leur discours de sons comme « Hum ! », « Euh ! » font des efforts pour mettre de l'ordre dans leurs pensées et, parfois, pour gagner du temps avant de répondre. Ces sons courants constituent de piètres indicateurs de mensonge. Il ne faut pas s'y fier.

Iago, le soi-disant « honnête homme »

Les pauses et silences peuvent aussi favoriser les mauvaises interprétations. Dans le drame de Shakespeare, Iago induit Othello dans cette voie. Othello est un Maure qui commande l'armée

40. Il semble que même des petites quantités agiraient sur le cerveau, *La Presse*, 10 novembre 2002.

vénitienne. Son conseiller Iago, considéré comme un honnête homme, manipule tout le monde et ment pour arriver à ses fins. Il est assez brillant pour reconnaître les avantages de la confiance et manœuvre pour en faire un outil destiné à atteindre ses buts. Iago est jaloux de Cassio, nommé lieutenant alors qu'il convoitait cette position pour lui-même. Il sème le doute dans l'esprit d'Othello en lui faisant croire à l'infidélité de sa femme Desdémone et de Cassio. Il évite d'accuser directement Cassio et ne dit jamais ouvertement que Desdémone a un amant. Iago utilise le silence et la tactique de la réticence simulée pour amener Othello à remplir les vides. De la même manière, après avoir poussé Cassio à boire et à se battre, Iago demeure silencieux, poussant le Maure à croire qu'il veut protéger son « ami » et que la vérité est trop horrible pour être révélée. Quand Desdémone proteste contre les accusations d'Othello, elle ne parvient pas à le convaincre de sa franchise. Pour Othello, les réticences de Iago à parler, son discours hésitant, sont un signe d'honnêteté plus fiable que les protestations de son épouse. Non seulement Iago ment, mais il utilise les silences et les hésitations pour induire les autres en erreur.

L'omission de mots

Vous avez sûrement déjà entendu une personne sauter un mot ici et là, comme si elle ne voulait pas dire un mot interdit. Par exemple : « Non, je n'ai pas… après qu'il soit parti… » Il est possible qu'une personne qui saute par-dessus des mots ou ne finisse pas ses phrases, n'ose pas prononcer des mots honnis dont elle a honte. Elle dira la vérité mais pas « toute la vérité ». Elle esquivera les mots qui pourraient l'incriminer. Ce procédé est généralement inconscient et facile à repérer.

La censure de la phrase s'apparente à l'omission, à la différence que la personne, au lieu de sauter un mot, le prononce à moitié, s'arrête et continue avec un mot mieux choisi. Par exemple, « Je gueu… Je parlais fort », ou « Je lui ai ordon… demandé d'y aller ». La personne se rend compte, au milieu de la phrase, que son choix de mots n'est pas à son avantage et elle décide d'utiliser un terme plus doux, atténué, « politiquement correct ».

La répétition de mots

Le stress, l'anxiété et l'inquiétude peuvent momentanément altérer notre faculté de penser clairement. Avez-vous eu un problème préoccupant au point que vous ne pouviez plus penser à autre chose ? Dans ce cas, vous faisiez une fixation de la pensée. Et si une connaissance était dans les parages, il est fort possible que vous ne lui ayez parlé que du sujet qui occupait tout votre esprit. Quand une personne fait une telle fixation, elle a tendance à se répéter. Bien entendu, la répétition de mots ne révèle pas en elle-même le mensonge. Cependant, elle devrait vous inciter à porter attention aux autres symptômes éventuels de mensonge. Par exemple, si vous demandez à votre adolescent qui sent le tabac s'il a fumé et qu'il répond « Je n'ai pas fumé la cigarette... Je n'ai pas fumé... non... pas fumé de cigarette », vous pouvez penser qu'il a fumé le cigare, ou autre chose... En fait, il a peut-être simplement fumé sans inhaler et considère que ce n'est pas fumer. Cet exemple ne sort pas de mon imaginaire !

La mauvaise articulation

La mauvaise articulation survient chez la personne qui est submergée par des pensées qu'elle essaie de capter au moment même où elle parle. Il se peut qu'elle tente à la fois d'évaluer la situation actuelle, songe à ce qu'elle a dit avant et à la manière dont elle peut procéder à présent — tout cela en même temps ! Bref, il y a de bonnes chances pour que la personne qui articule mal soit en train de s'engager dans la voie du mensonge. Selon Walters, quand une personne répond à une question directe en articulant mal ses mots, il s'agit d'une forte indication de mensonge. Vous devriez donc y être très attentif et retenir l'incident...

Bien entendu, nous pouvons éprouver des difficultés à bien articuler quand nous sommes fatigués ou sous l'effet de certains médicaments et drogues. À l'instar des autres symptômes verbaux et non verbaux, la mauvaise articulation n'est pas un indicateur absolu de mensonge.

Le rire nerveux

Rire nerveusement permet de masquer l'anxiété ressentie durant une conversation. C'est une façon de dissiper notre stress quand l'interlocuteur s'aventure sur un terrain glissant qui nous met mal à l'aise. Le rire nerveux est fréquent lors des premières rencontres entre des personnes qui s'attirent. Il permet aussi de se donner du temps avant de parler, à l'instar des « Euh ! ». Si votre interlocuteur rit nerveusement, cela peut signifier que vous avez abordé un sujet délicat ou critique. La personne tente de s'esquiver. Dans ce cas, le rire nerveux peut signaler l'évasion et, éventuellement, le mensonge. Il faut, on ne le répétera jamais assez, vérifier si les autres codes pointent également dans la direction du mensonge. Ayez en mémoire le principe du grand angle selon lequel on ne doit pas porter notre attention sur un seul élément, mais ouvrir notre regard (et nos oreilles) pour englober tous les codes communicationnels.

Sachez poser les bonnes questions

Quand vous avez besoin de poser des questions pour prendre une décision et que vous devez vous fier aux réponses, il importe de préparer la rencontre. Des exemples de situation de ce type : vous voulez engager une gardienne et avez besoin de connaître les valeurs éducatives de la personne qui postule ; vous souhaitez fonder une famille et désirez savoir si votre amoureux partage votre désir ; vous soupçonnez votre employé d'avoir volé de l'argent dans la caisse et avez besoin de vérifier si c'est le cas. Nous avons tendance à prêter des intentions aux autres, de peur de demander des explications. Cela cause bien des problèmes et engendre bien des déceptions. Trop souvent, nous entendons ce que nous voulons bien entendre au lieu d'écouter vraiment ce que l'autre dit. « Le meilleur moyen de vous empêcher de faire des suppositions est de poser des questions », remarque Don Miguel Ruiz[41].

Préparez-vous !

Si vous avez une question à poser et que la réponse est déterminante pour vous, ne laissez pas le choix du contexte au hasard. Le moment et le lieu de la rencontre sont importants. Demandez-vous si c'est un bon moment pour vous et pour l'autre. Comment voulez-vous vous concentrer si vous êtes préoccupé ou que votre interlocuteur a un horaire plus chargé que celui d'un ministre ? Quel est l'état d'esprit de votre interlocuteur ? Les émotions fortes peuvent colorer les réponses qu'il vous fait. Si vous tenez à questionner une personne qui se trouve sous l'emprise de la colère ou de l'alcool, par exemple, tenez au moins compte du fait que son état altérera son discours. Bien des gens croient que les personnes en état d'ébriété disent franchement ce qu'elles ont sur le cœur. C'est parfois vrai, mais pas tout le temps. Elles ont souvent des regrets dans l'après-coup parce qu'au contraire, leurs paroles ont dépassé leur pensée.

Concernant le choix du lieu, irez-vous sur son territoire, l'inviterez-vous sur le vôtre ou opterez-vous pour un terrain neutre ? Chaque choix comporte ses avantages et ses inconvénients, ses conséquences. Avez-vous remarqué que les patrons vont dans le bureau de leurs employés pour leur annoncer de bonnes nouvelles, mais les font venir dans leur bureau pour les réprimander ?

---

41. *Les quatre accords toltèques : la voie de la liberté*, Condé-sur-Noireau (France), Jouvence, 1997, p. 71.

Nous sommes toujours plus à l'aise sur notre territoire, que ce soit notre maison ou notre bureau. Votre interlocuteur sera moins sur la défensive sur le sien. Par contre, vous contrôlerez mieux la situation sur le vôtre. Qu'est-ce qui est le plus important ? Dans la plupart des cas, ne préférez-vous pas que la personne se sente à l'aise et ne soit pas sur la défensive ? Laissez donc à l'autre le choix du territoire, soit chez lui, à son bureau ou dans un lieu public. Les terrains neutres mettent les interlocuteurs sur un pied d'égalité en ce qui concerne l'aisance. Par contre, les lieux préférés sont comme des extensions de nos territoires. Votre interlocuteur a sûrement un café et un restaurant favoris. Si la rencontre a lieu dans un endroit public, assurez-vous que le lieu ne soit pas trop bruyant. S'il s'agit d'un endroit où vous connaissez des gens, vous risquez une interruption. Pourquoi ne pas rencontrer la personne dans un parc s'il ne fait pas trop froid ?

Toute distraction peut constituer une interruption. Soyez conscient que les interruptions sont fatales à une conversation significative et profonde. Arrangez-vous pour ne pas être dérangé, c'est le minimum. Combien de fois sommes-nous interrompus en pleine conversation par la sonnerie du téléphone, du téléavertisseur ou du cellulaire ? Malheureusement, une fois que nous sommes de retour, nous ne reprenons jamais exactement la conversation où elle en était. Éteignez la radio et la télévision si vous êtes à la maison. Les distractions et interruptions font dérailler le train de la discussion et il peut être difficile, voire impossible, de remonter dans le wagon. Rien ne me refroidit autant qu'une amie qui répond au téléphone pendant que je suis en train de lui faire une confidence. Si une conversation est importante pour vous, coupez-vous des autres ! Et si vous attendez un appel important, eh bien ! ce n'est pas le moment d'avoir une conversation cruciale. Allez-y par priorité, mais de grâce, concentrez-vous sur votre interlocuteur et oubliez les autres. À quoi servent les boîtes vocales, sinon ?

Dans tous ces cas, le climat de confiance doit être établi si vous comptez sur la franchise des réponses. Autrement, la personne risque de vous dire ce qu'elle croit que vous voulez entendre pour que vous la laissiez tranquille, ou elle risque de se réfugier dans sa coquille si elle se sent brusquée. Parfois, le courant ne passe pas à cause d'un détail qui aurait facilement pu être arrangé si l'on y avait pensé.

Enfin, assurez-vous de préparer quelques questions à l'avance. Cela vous permettra de vous concentrer sur l'autre. Vous n'aurez plus à réfléchir à vos questions. Un bon truc consiste à écrire les questions les plus pertinentes pour les ancrer dans votre esprit. Il n'est pas recommandé de consulter vos questions devant votre interlocuteur, mais vous pouvez le faire dans un contexte formel d'entrevue. Et même dans une situation privée, aucune loi n'empêche de le faire !

L'art de poser des questions

Pour qu'une conversation se déroule à bâtons rompus, on doit se réchauffer comme on le fait avant un sport. C'est la raison pour laquelle il est recommandé de passer du général au particulier, du désinvolte au significatif, de l'anodin au personnel. Aller directement au cœur du sujet peut passer pour inconvenant et brusque et ce, même si la dernière conversation était intime et profonde. Ne lésinez pas sur les préliminaires de la conversation : ils présagent des dialogues riches comme les préludes amoureux préparent aux ébats fougueux…

Comme entrée en matière, les questions ouvertes constituent un mets de choix. Elles permettent en effet à l'interlocuteur d'aller dans la direction qu'il souhaite et l'invitent à développer ses réponses. Même si vous n'avez pas nécessairement la réponse que vous attendez, prenez note mentalement de toutes les informations que vous récoltez ainsi. Par exemple, si vous interrogez une gardienne d'enfants, vous pouvez lui demander les activités qu'elle aime avoir, où elle se voit dans deux ans (si elle veut se trouver un emploi de secrétaire, vous saurez que vous ne pouvez pas compter sur elle à long terme), pourquoi elle a choisi de garder des enfants, comment elle conçoit une journée avec eux, etc.

Après quelques questions ouvertes, vous pourrez passer aux questions fermées, plus directives. Ce sera le moment de demander à votre gardienne potentielle depuis combien de temps elle garde des enfants, quelle est sa rémunération, ce qu'elle sert au menu, etc. Si vous êtes végétarien, vous pouvez le dire d'emblée ou, mieux, attendre de savoir ce qu'elle pense des enfants végétariens. Les questions fermées orientent davantage la réponse de l'interlocuteur. Elles peuvent ainsi vous faire économiser du temps et de l'énergie. Et vous pourrez plus facilement vous fier aux réponses ainsi obtenues, car elles seront plus précises. Si vous souhaitez sortir avec une personne qui vous intéresse, demandez-lui de vous accompagner au cinéma (question fermée qui appelle un « Oui » ou un « Non »), plutôt que ce qu'elle fait durant le week-end (question ouverte). Dans certains cas, les questions fermées paraissent plus inquisitrices, et c'est une bonne raison pour débuter par des questions ouvertes. Si vous accueillez votre conjoint en retard par un « Où étais-tu ? », vous risquez qu'il grogne, surtout si votre ton de voix est sec... Les questions fermées sont nécessaires avec les personnes qui s'esquivent. Peut-être devrez-vous en venir aux questions confrontantes dans les cas extrêmes : « As-tu volé l'argent qui était sur le comptoir, oui ou non ? » est un exemple. Pousser l'autre dans ses retranchements ne devrait se faire que devant l'échec des autres moyens. La confiance sera minée entre vous et la personne que vous acculerez ainsi au pied du mur. Avant de procéder ainsi, demandez-vous si vous saurez composer avec les dommages que cela causera à la relation. La personne que vous questionnez ainsi éprouvera probablement du ressentiment à votre égard. Comme un animal traqué, elle peut passer à l'attaque pour se défendre. Soyez très prudent si vous avez démasqué un menteur et le poussez à passer aux aveux. Vous devez être certain de ce que vous avancez. Si vous accusez l'autre injustement, les dommages peuvent être irréparables. Pensez-y avant au lieu de le regretter après. Le cas suivant montre l'importance des questions bien posées.

L'homme qui veut des enfants

Renaud est un homme de 42 ans qui a vécu en union de fait durant 10 ans. La carrière de son ancienne conjointe a pris de plus en plus de place, ce qui l'a incitée à changer d'idée à propos de la maternité qu'elle jugeait inconciliable avec ses nombreux déplacements professionnels. Renaud a été élevé dans une ferme ; il a toujours voulu des enfants et un cadre de vie près de la nature. Il a donc laissé sa conjointe en 1998, puisqu'ils étaient devenus incompatibles. Pendant l'été 2002, il a placé une fiche sur un site de rencontre par Internet. La plupart des femmes qu'il a approchées le trouvaient trop vieux. Celles qui l'intéressaient étaient au début de la trentaine. Lors des rencontres, il posait des questions fermées telles que : « Veux-tu des enfants ? » Bien entendu, ce type de question peut être intimidant lors d'un premier échange, et il obtenait des réactions défensives. Mais étant donné l'importance de la famille pour lui, il a réalisé qu'il devait se demander comment se situaient les femmes qu'il rencontrait à cet égard. À la longue, il a réalisé qu'il devait privilégier les questions ouvertes telles que : « Où te vois-tu d'ici cinq ans ? », car elles laissent le champ libre au développement, sans influencer la réponse. Si la femme se voit mariée, avec deux enfants, à la campagne avec un chien, il saura d'emblée qu'il est compatible avec elle. En disant à une femme : « Les enfants sont très importants pour moi, et toi ? », il s'expose au mieux à une réponse partielle, au pire à une réponse malhonnête. Une femme peut mentir par omission en répondant par l'affirmative : les enfants sont peut-être importants pour elle – mais ceux des autres… Elle, elle n'en veut pas ! Ou bien une autre en veut, mais pas avant 10 ans… Une troisième peut vouloir en adopter pour ne pas perdre sa taille de guêpe. Une quatrième peut en vouloir, mais elle tiendra à vivre en ville et à engager une gardienne pour s'occuper d'eux. S'il pose une question ouverte, son interlocutrice aura le champ libre pour présenter ce qu'elle veut. Et lui pourra voir si cela correspond à ses attentes et à ses besoins au lieu de connaître une déception supplémentaire parce qu'il aura influencé les réponses.

Apprenez à vraiment écouter les réponses

Il ne sert à rien de bien vous préparer et de poser les bonnes questions si vous n'écoutez pas les réponses. À moins d'un handicap, nous avons tous le sens de l'ouïe, mais rares sont ceux qui maîtrisent l'art de l'écoute. Disons-le franchement, il est difficile d'être à l'écoute de l'autre. Mais ce n'est pas impossible. Nous écoutons plus attentivement les étrangers que nos proches. Dès que nous croyons connaître quelqu'un, nous cessons de lui poser des questions significatives et de l'écouter avec l'esprit ouvert. C'est surtout le cas en famille et dans la vie de couple. Or, le canal de la communication s'érode vite quand on arrête d'écouter vraiment. Trop souvent, les accusations, les jugements et les chamailleries prennent le relais de l'écoute et de la compréhension. Tant que vous serez happé par vos propres préoccupations, vous ne pourrez pas vraiment écouter l'autre. Vous entendrez ses paroles, mais vous n'écouterez pas. Nous ne pouvons pas écouter l'autre si nous pensons à notre prochaine réplique, en passant...

Nous n'écoutons pas l'autre quand nous l'interrompons. Selon Jo-Ellan Dimitrius, dès que vous interrompez votre interlocuteur, vous le faites dérailler du flot de ses propos. Le temps qu'il se remette sur la voie, le rythme et la spontanéité de la conversation peuvent être perdus pour de bon. Selon un sondage Gallup portant sur les habitudes de conversation, 88 % des répondants considèrent que l'interruption est l'habitude la plus ennuyeuse. Se faire couper la parole est un signe clair que la personne n'est pas intéressée à vous écouter, mais est préoccupée par les interventions qu'elle s'apprête à faire. Soyez aussi conscient de votre langage non verbal. Même si vous résistez à la tentation de couper la parole de votre interlocuteur, votre corps risque de manifester son impatience. Un geste, une expression faciale, un détournement de regard peut indiquer clairement que vous n'écoutez plus. Votre interlocuteur risque de cesser de parler. À quoi bon parler quand on n'est plus écouté ? Ne vous rendant compte de rien, vous en profitez pour parler à votre tour, mais l'autre ne vous écoute plus. Nous vivons trop souvent ces dialogues de sourds qui renforcent notre impression de solitude. Mieux vaut alors être seul et s'écouter soi-même...

N'en faites pas trop, car vous pourriez tout autant briser le bon déroulement de la discussion. L'interruption fait dérailler la conversation, certes, mais trop d'implication et d'intensité quand vous écoutez mettront votre interlocuteur mal à l'aise. Impliquez-vous dans la conversation, mais de façon modérée. Il est très distrayant de se faire regarder fixement et intensément. Certaines personnes nous regardent avec un air de grande compassion dans toutes les circonstances, que nous leur racontions que nous nous sommes fait battre durant notre enfance, que nous nous sommes cassé un ongle ou que nous avons raté une nouvelle recette ! La compassion inappropriée, ou une intensité trop marquée, paraît fausse et rebute les gens.

Si vous voulez que l'on cesse de se confier à vous, soyez condescendant et commencez à juger l'autre et à argumenter avec lui. Vous le verrez se refermer comme une huître. Quand un enfant se plaint d'avoir échoué à un examen, il n'a pas besoin d'entendre sa mère pérorer et répéter « Je t'avais dit d'étudier ! » L'enfant est capable de tirer ses propres conclusions... L'humiliation est déjà assez grande. Des propos rassurants tels que « Ne sois pas trop dur pour toi, ça arrive à tout le monde d'avoir un échec », ou simplement « Tu es déçu, n'est-ce pas ? » suffisent. Le parent qui ne peut s'empêcher de donner une leçon de morale aura le temps de le faire après que l'enfant aura ventilé sa déception ou sa frustration. Pour inciter autrui à vous parler, résistez à la tentation de le reprendre, de le corriger, de le juger, de lui faire la morale, de le diminuer ou de vous réjouir de son malheur. Le prix à payer pour éprouver une sensation de supériorité est le sabotage de la communication. Il ne faut pas s'étonner que les autres nous boudent ou se referment quand nous agissons de la sorte. En outre, nous contaminons la réaction de l'autre en nous comportant ainsi et nous faussons le décodage des codes communicationnels.

Pour inciter vos proches à s'ouvrir et à parler librement, il vous faudra vous ouvrir vous aussi. Ne croyez pas pouvoir glaner des informations sur les autres si vous ne donnez rien en retour, à moins d'être un policier chargé d'interroger des suspects, et encore ! Même les employeurs qui font passer des entrevues se révèlent en faisant part de leurs besoins ou en parlant de leur entreprise. Parlez de vous pour que les autres se sentent en confiance et parlent d'eux à leur tour. Évitez de mettre des obstacles entre vous et l'autre. Vous n'avez pas besoin de vous cacher derrière un bureau pour interroger des candidats à un emploi. Ils ne se sentiront pas en confiance et ne s'ouvriront pas tant qu'il y aura cet obstacle. Pour pouvoir vous fier aux réponses de votre interlocuteur, n'essayez pas de le manipuler avec votre langage corporel. Il est facile d'exprimer l'approbation avec des signes de tête et des sourires de façon à encourager de la sorte son interlocuteur à parler. De la même manière, vous pouvez indiquer avec votre corps que la réponse n'est pas valable. Le désir de plaire étant fort chez la plupart des gens, votre interlocuteur s'ajustera à votre langage non verbal pour vous dire ce qui vous fera plaisir, même si ce n'est pas exactement ce qu'il pense. Quand vous voulez connaître la vérité, contrôlez votre corps pour éviter qu'il dise « bonne réponse » ou « mauvaise réponse » pendant que vous écoutez.

Les signaux d'alarme du menteur

Les menteurs se trahissent souvent par des signaux anodins, mais révélateurs. C'est le cas des informations personnelles qu'ils donnent sans que nous ne les leur ayons demandées, des longues réponses avec trop de détails ou, au contraire, des réponses trop courtes, des questions en guise de réponse, de l'humour qui révèle leurs vrais sentiments et des déclarations de franchise qui servent à endormir la méfiance et à faire avaler leurs bobards.

L'information « gratuite »

Si quelqu'un vous donne une information sans raison, demandez-vous toujours pourquoi il le fait. Souvent, cela sert à dissimuler autre chose qu'il ne veut pas révéler. Les informations personnelles données spontanément à propos des croyances ou habitudes sont souvent inexactes ou exagérées. Ces énoncés auto-révélateurs constituent des enseignes au néon qui devraient retenir votre attention. Quand une personne vous déclare à brûle-pourpoint qu'elle est sportive, habile ou religieuse, demandez-vous ce que cette déclaration révèle vraiment au lieu d'acheter ce que la personne veut vous faire croire. En quoi la personne a-t-elle intérêt à vous faire croire qu'elle est ceci ou cela ?

Le cas de l'homme dragueur

J'étais au kiosque à journaux de mon quartier. Un homme attendait de payer son journal sur la première page duquel figurait la photo d'Anna Kournikova, la joueuse de tennis russe qui retient tant l'attention des médias. Je n'ai pas pu m'empêcher de demander au caissier et à ce client ce que les hommes pouvaient bien trouver à cette joueuse qui n'a jamais remporté d'épreuve mais qui attire autant, sinon plus, l'attention que les gagnantes. Les deux hommes m'ont affirmé catégoriquement n'être pas attirés par elle. Le client s'est présenté comme étant un organisateur de soirées pour célibataires et il a dit que mon genre original (je portais un chapeau corail !) l'intéressait davantage que la beauté froide d'une Kournikova. Nous avons discuté une dizaine de minutes à l'extérieur du magasin et il m'a répété trois fois qu'il faisait du bénévolat depuis l'âge de 17 ans. Je ne doutais pas que ce soit vrai, mais je me demandais la raison de son insistance alors que je n'avais rien demandé. En lui posant des questions, j'ai réalisé qu'il était concierge, ce qu'il m'avait caché. J'ai compris qu'il ne se valorisait pas par son travail, mais par son bénévolat. Pour plaire aux femmes et tenter de dissimuler son statut professionnel, peu reluisant selon les normes sociales, il mettait l'accent sur sa bonté de cœur. C'était sa façon de contrer l'éventuelle réaction négative à la mention de son métier actuel.

L'humour

Nous employons souvent l'humour pour déguiser nos véritables sentiments. Vous a-t-on déjà fait un commentaire sur votre poids ou vos mauvaises habitudes en ajoutant aussitôt, devant votre réaction froissée : « Je plaisantais, voyons ! », ou « C'était juste pour rire... ». Riez-vous jaune quand on vous asticote de la sorte ? Il y a toujours du vrai dans ce genre de plaisanterie douteuse. Ce type d'humour sert à faire avaler les remarques amères. Au lieu de reprocher directement aux autres ce qui les dérange, beaucoup de gens ont pris l'habitude d'enrober leur message d'humour. Le véritable humour fait rire tout le monde. Si vous vous sentez jugé, dénigré ou rabaissé suite à une plaisanterie, ce n'est pas drôle. Quand on tente de vous rassurer en disant que c'est « juste pour rire », sachez que la personne croit chaque mot qu'elle a prononcé. La légèreté de l'emballage lui permet d'esquiver les conséquences de ses paroles dénigrantes : votre réaction défensive. Le pire avec ces fausses plaisanteries, c'est qu'il faut faire semblant de rire afin de ne pas passer pour une personne dénuée de sens de l'humour. Si vous connaissez régulièrement ce genre de situation, vous êtes dans un milieu toxique où l'on adresse de vrais messages sous des remarques acerbes et piquantes déguisées en faux humour. Faites la part des choses ! L'ironie et le sarcasme ne sont pas de l'humour. Ce sont des manières détournées et malhonnêtes de dénigrer les autres. Le sens caché des remarques sarcastiques est : « Attention, je mords ! » Les vraies taquineries sont plaisantes et font sourire. On taquine bien ceux que l'on aime. C'est vrai. Mais si une personne vous sert cette réplique, demandez-vous si elle vous aime vraiment. Hormis ses taquineries, quels sont les autres signes qui indiquent son affection ? Si vous n'en trouvez pas, c'est que cette personne ne vous aime sans doute pas autant qu'elle le prétend.

L'humour sert aussi à éviter de parler d'un sujet sensible. Quand je suis stressée parce que j'ai une date de tombée et que j'ai encore procrastiné, il arrive que des amies me demandent : « Comment vas-tu faire ? » Je m'amuse à répliquer : « Je vais faire mon possible ! » Si je suis vraiment dans le pétrin, je rétorque « Je vais faire dur ! », comme on dit au Québec. Ces répliques servent à faire sourire mes proches et à clore le sujet quand je n'ai pas envie de dévoiler comment je me sens vraiment ou lorsque je veux dédramatiser la situation...

Les longues réponses

Les longues réponses sont parfois employées par les menteurs pour cacher ou déformer la vérité. Les excuses longues et détaillées constituent une réaction défensive. Les retardataires en font souvent usage, exagérant les raisons de leur retard et s'expliquant avec trop d'ardeur et des détails inutiles. Demandez-vous si les réponses verbeuses sont appropriées aux circonstances. Les menteurs ont tendance à prendre intentionnellement des détours quand ils veulent éviter un sujet. Un truc pour vérifier si c'est le cas : éloignez-vous du sujet sensible et revenez-y quand l'interlocuteur est détendu. S'il évite encore le sujet, vous saurez que c'est intentionnel.

Les réponses lapidaires

Les réponses très courtes peuvent constituer un signal d'alarme dans certains cas. Il est possible que la personne vous dise ce que vous voulez entendre afin que vous la laissiez tranquille avec vos questions ! Elle en dira le moins possible, parce qu'elle ne connaît pas les détails, ne les ayant pas vécus. Elle ment, tout simplement. Par exemple, le patron demande à son employée si elle a terminé le rapport. Elle répond « Oui » et s'empresse de lui poser une question sur la prochaine réunion. Non seulement elle recourt à une manœuvre de diversion, mais elle lui ment puisqu'elle n'a pas fini le rapport. Elle se dit qu'il n'en saura rien car elle a l'intention de le terminer en soirée et de le lui remettre le lendemain matin. Qui n'a jamais agi ainsi ?

Répondre à une question par une question

Quand nous répondons à une question par une question, c'est que nous ne voulons pas répondre. Si une personne que je viens de rencontrer me demande mon âge, je risque de rétorquer : « Pourquoi voulez-vous savoir cela ? » Quand nous répondons par une question, c'est signe que nous ne voulons pas nous avancer ni nous engager. Le refus de répondre à des questions directes permet d'éviter l'embarras ou le conflit qui risque de surgir si nous disons la vérité. Peut-être que votre interlocuteur ne veut pas risquer de vous déplaire en donnant une réponse qui ne serait pas conforme à vos attentes. Par exemple, si on vous demande votre orientation politique ou sexuelle, vous voudrez sans doute connaître celle de votre interlocuteur avant de prendre des risques. Dans ce cas, il est compréhensible que vous répondiez par des questions. Le refus de répondre à des questions intimes ne fait pas de nous des menteurs ! Par contre, si une personne a tendance à répondre de cette façon, il est fort possible qu'elle ait quelque chose à cacher. Répondre sous forme de questions n'est pas anodin. Posez-vous des questions sur l'interlocuteur qui répond souvent ainsi.

Il est également possible que ce soit les questions inquisitrices qui déclenchent ces réponses interrogatives. Se faire poser des questions personnelles de manière directe est souvent perçu comme étant invasif et impoli. Personne n'aime avoir l'impression de subir un interrogatoire. Dans ce cas, c'est la façon de faire de la personne indiscrète qui vous contamine. Rappelez-vous la règle de Walters sur la contamination…

Les déclarations de franchise

Le thème de l'honnêteté revient fréquemment dans le discours des menteurs qui veulent que l'on croie leurs mensonges. Méfiez-vous des gens qui parsèment leur discours de «à dire vrai», «pour parler franchement», «je ne te mentirais pas», etc. Pourquoi attirer l'attention sur la vérité quand on parle ouvertement sans mentir ? Les déclarations de franchise devraient vous mettre la puce à l'oreille. Nous en avons de bons exemples dans les films *Jakob le menteur* avec Robin Williams et *Menteur, menteur* avec Jim Carrey.

Dans *Othello*, Shakespeare a brillamment compris le besoin qu'ont certains menteurs d'endormir leur entourage en les rassurant sur leur soi-disant franchise. Iago, le faux ami d'Othello, passe son temps à fomenter des complots et à semer la zizanie par ses nombreux mensonges. Or, tout le monde le croit d'une honnêteté sans faille. Il se prétend un ami, met les autres en confiance pour mieux les trahir. Il déclare sa «très sincère affection» à Cassio. Après avoir trahi Rodrigo, il ose lui dire : «Je peux jurer que j'ai fait preuve de loyauté envers toi.» À Othello qu'il déteste, il déclare : «Monseigneur, vous savez mon amitié.» Othello n'y voit que du feu. Le menteur Iago parsème son discours de références à sa supposée honnêteté : «Foi d'honnête homme», «Je vous témoigne avec franchise». Quand ses mensonges blessent autrui et que ces derniers réagissent, il feint de regretter son honnêteté : «Il y a du danger à être loyal et franc», dit-il après avoir semé le doute dans l'esprit d'Othello concernant la fidélité de Desdémone, sa nouvelle épouse. En voyant Othello ravagé, le perfide Iago ajoute : «Stupide honnêteté». Desdémone se confie à Iago car elle sait que les soupçons de son mari l'inquiètent et qu'elle est innocente. Iago la rassure en disant : «Ce sont les affaires de l'État qui tourmentent mon maître.» Desdémone réplique : «Si ce n'était que cela.» Iago la rassure en disant : «Ce n'est que cela, croyez-moi.» Devant son scepticisme, il ajoute : «Je vous jure», alors qu'il sait très bien qu'il est à l'origine des tourments d'Othello.

Comme Iago le dit lui-même en aparté au début de la pièce : «Je semble, mais je ne suis pas ce que je semble.» C'est par ses déclarations de franchise répétées, qu'il réussit à mystifier tout le monde en se faisant une réputation d'honnête homme alors qu'il incarne le vil mensonge destructeur. Personne ne pense à la possibilité que Iago les trompe — après tout, ne l'appelle-t-on pas « l'honnête Iago » ? Mais la confiance vouée à Iago mène plusieurs personnages à leur perte. Si vous ne voulez pas lire la pièce ou si vous n'avez pas l'opportunité de la voir au théâtre, je vous recommande fortement de louer le film *Othello* pour observer le mécanisme à l'œuvre.

L'action ne ment pas

Nous pouvons mentir avec les mots, mais les actions ne mentent pas. Quand une personne affirme quelque chose, ne croyez pas tout ce qu'elle dit. Fiez-vous davantage à ses actes plus qu'à ses paroles. « La possibilité d'un vrai dialogue avec un menteur est un leurre (…) Apprenez à détecter les contradictions entre son *discours* et ses *actes*[42]. » Voici quelques exemples pour vous mettre la puce à l'oreille.

Les personnes malhonnêtes font tout pour paraître honnêtes à vos yeux, mais elles ne se soucieront pas de dissimuler leur malhonnêteté avec les autres. Dites-vous que si une personne est malhonnête avec les autres, elle le sera avec vous aussi. Soyez aux aguets ! Si on lui remet trop de monnaie, est-ce qu'elle la garde ? Fait-elle dire qu'elle n'est pas là quand on la demande au téléphone ? Fait-elle de fausses déclarations aux impôts ? Se parjure-t-elle en cour ? Il est vrai que les gens varient dans leur honnêteté selon les personnes et les organisations avec lesquelles ils sont en relation, mais l'honnêteté se vérifie d'une manière ou d'une autre. Si une personne raconte des ragots sur les autres, soyez assuré qu'elle potinera sur votre compte même si elle jure le contraire.

Un associé potentiel vous affirme : « Je suis une personne organisée et efficace. » Or, son bureau est un fouillis total. De-

42. Nazare-Aga, Isabelle, *Les manipulateurs et l'amour*, Montréal, Les Éditions de l'Homme, 2000, p. 56.

mandez-lui s'il trouve facilement ses documents. Mettez-le à l'épreuve. S'il trouve tout, il y a de l'ordre dans son désordre et il est efficace malgré les apparences. Autrement, il ment. Généralement, les personnes dont le bureau est désorganisé sont inefficaces et désorganisées.

Votre nouvel amoureux vous déclare qu'il tient à vous. Est-ce vraiment le cas ? Encore une fois, ses actions seront éloquentes. Quand vous lui laissez un message, vous rappelle-t-il rapidement ? Se donne-t-il la peine de se déplacer pour aller vous voir ou bien est-ce toujours à vous d'aller lui rendre visite ? Vous offre-t-il de vous aider si vous êtes malade, ne serait-ce que pour s'assurer que vous avez des médicaments ou du bouillon de poulet ?

On dit que c'est dans les épreuves que l'on découvre qui sont nos vrais amis. Comment se comportent vos amis quand vous êtes éprouvé par le deuil, la maladie, un accident ou un licenciement ? Bien des gens se sentent mal à l'aise devant ces situations. Leurs actions, même minimes, sauront dire plus haut que les mots ce qu'ils ressentent pour vous. Si vous ne savez pas quoi dire à un mourant, ne dites rien mais au moins, tenez-lui la main. C'est sans doute le réconfort dont il a besoin. Ce simple geste vaut mille mots...

Conclusion

Je sais que, ayant résolu de dire la vérité,
je dirai peu de choses.
JULES RENARD

La vérité sur le mensonge, c'est qu'il est partout et qu'il prend souvent le visage de la franchise. La vérité, c'est que tout le monde ment. Certains mentent plus que d'autres. Ce sont eux que l'on appelle les « menteurs ». La vérité, c'est qu'il y a un menteur tapi au fond de chacun de nous.

La vérité, c'est que nous mentons parce que nous avons peur d'être rejetés si nous sommes vrais. Nous n'osons pas révéler notre pensée. Nous croyons que les autres ne nous aimeront pas s'ils nous connaissent sous notre vrai jour. Nous portons un masque qui dissimule soigneusement qui nous sommes vraiment. Nous ne savons parfois plus qui nous sommes à force de nous déguiser, de prétendre être quelqu'un d'autre, de mentir. La vérité, c'est que nous mentons parce que nous avons été punis pour avoir dit la vérité. La vérité, c'est que nous forçons trop souvent les gens à mentir parce que nous leur faisons des scènes quand ils nous disent la vérité.

La vérité, c'est que nous mentons pour nous protéger. Nous mentons pour protéger nos intérêts et ceux des autres. Nous mentons pour protéger notre précieuse image de nous-mêmes. Nous mentons pour protéger la sensibilité et l'ego des autres.

La vérité, c'est que nous mentons aussi pour nous faire valoir. Nous mentons pour impressionner, pour faire pitié, pour séduire et pour rabaisser l'autre.

La vérité, c'est que le corps ne ment pas, quoique les menteurs habiles parviennent à bien le contrôler. Nous possédons tous un « détecteur de mensonge » interne. Il suffit de mieux observer les autres, de prendre le temps de nous arrêter pour les regarder et les écouter. La vérité, c'est que les paroles de la personne franche sont en harmonie avec son corps, son visage et sa voix.

La vérité, c'est que le mensonge fait souvent mieux notre affaire que la vérité. La triste vérité, c'est que la plupart des gens préfèrent leurs illusions à la réalité, le mensonge à la vérité. La vérité, c'est surtout que nous nous mentons à nous-mêmes.

Annexe

Liste de films portant sur le mensonge[43]

1. *À propos d'Adam*, réalisé par Gérard Stembridge, États-Unis, 2000.
2. *Danser dans le noir* (*Dancer in the Dark*), réalisé par Lars von Trier, Danemark, 2000.
3. *Jakob le menteur* (*Jakob the Liar*), réalisé par Frank Beyer, Allemagne, 1977.
4. *La vérité si je mens 1*, réalisé par Thomas Gilou, France, 1997.
5. *La vérité si je mens 2*, réalisé par Thomas Gilou, France, 2002.
6. *Le corbeau*, réalisé par Henri-Georges Clouzot, France, 1943.
7. *Le décalogue, n° 8 : Tu ne mentiras pas*, réalisé par Krzysztof Kieslowski, Pologne, 1989.
8. *Le mensonge en héritage* (*Legacy of Lies*), réalisé par Bradford May, États-Unis, 1992.
9. *Mensonge*, réalisé par François Margolin, France, 1992.

43. Merci à Daniel Gauvin, libraire et cinéphile montréalais, pour sa suggestion de 10 films traitant du mensonge.

10. *Menteur, menteur* (*Liar, Liar*), réalisé par Tom Shadyak, États-Unis, 1997.
11. *Othello*, réalisé par Oliver Parker, États-Unis, 1995.
12. *Partir, revenir*, réalisé par Claude Lelouch, France, 1985.
13. *Pinocchio*, réalisé par Walt Disney, États-Unis, 1943.
14. *Vrai mensonge* (*True Lies*), réalisé par James Cameron, États-Unis, 1994.
15. *Méchant menteur* (Big Fat Liar), réalisé par Shawn Levy, États-Unis, 2002.
16. *Sexe, mensonges et vidéo* (Sex, lies and videotapes), réalisé par Steven Soderbergh, États-Unis, 1989.
17. *La vie est belle,* réalisé par Roberto Benigni, Italie, 1997.
18. *Pinocchio,* réalisé par Roberto Benigni, Italie, 2002.
19. *L'adversaire*, réalisé par Nicole Garcia, France, 2002.
20. *L'emploi du temps*, réalisé par Laurent Cantet, France, 2002.

Bibliographie[44]

Romans et nouvelles

CARRÈRE, Emmanuel. *L'adversaire*, Paris, France Loisirs, 2000.

GERVAIS, Jean. *Les mensonges de Dominique*, Montréal, Boréal, 1991.

HAUPTMANN, Gary. *Mensonges au lit* (traduit de l'allemand), Munich, Paris, Calmann-Lévy, 1999.

NICKLÈS, Sara (dir.). *Lying, Cheating & Stealing : Great writers on getting what you want when you want it*, San Francisco, Chronicle Books, 1997.

SCOTTOLINE, Lisa. *La minute de vérité* (traduit de l'anglais), Paris, France Loisirs, 2001.

Essais

DIMITRIUS, Jo-Ellan et MAZZARELLA, Mark. *Reading People : How to Understand People and Predict their Behavior – Anytime, Anyplace*, New York, Ballantine Books, 1999.

GLASS, Lillian. *Je sais ce que tu penses*, Montréal, Les Éditions de l'Homme, 2003.

44. Cette bibliographie présente les ouvrages mentionnés mais qui n'ont pas fait l'objet d'une citation. Elle est un complément aux références données dans les notes de bas de page.

GERVAIS, Jean. « Le mensonge de l'enfant dans une perspective multidisciplinaire », *Revue Canadienne de psycho-éducation*, vol. 21, nº 1, p. 45-67.

GOFFMAN, Erving. *La mise en scène de la vie quotidienne 1 : la présentation de soi* (traduit de l'anglais), Paris, Les Éditions de Minuit, 1973.

MIQUEL, Pierre. *Les mensonges de l'histoire*, Paris, France Loisirs, 2002.

MORRIS, Desmond. *Man Watching : A Field Guide to Human Behavior*, New York, Harry N. Abrams, Inc., Publishers, 1977.

PEASE, Allan. *Interpréter les gestes, les mimiques, les attitudes pour comprendre les autres... et ne pas se trahir* (traduit de l'anglais), Paris, Nathan, coll. Marabout, 1988.

TURCHET, Philippe. *La synergologie : pour comprendre son interlocuteur à travers sa gestuelle*, Montréal, Les Éditions de l'Homme, 2000.

WALTERS, Stan B. *The Truth about Lying : How to Spot a Lie and Protect Yourself from Deception*, Naperville (Illinois), Sourcebooks, Inc., 2000.

Du même auteur

CYR, Marie-France. *Arrête de bouder ! Ces gens qui refusent de communiquer*, Montréal, Les Éditions de l'Homme, 2001.

Table des matières

Édition exclusivement réservée aux adhérents du club
Le Grand Livre du Mois
15, rue des Sablons
75116 Paris
réalisée avec l'aimable autorisation des Editions de l'Homme

Achevé d'imprimer en 2003
sur les presses de l'imprimerie Slatkine
à Genève – Suisse.
Dépôt légal : août 2003